语文出版社语言学出版基金资助项目

汉语结构助词"的"的历史演变研究

◎刘敏芝 著

语文出版社·北京·

图书在版编目(CIP)数据

汉语结构助词"的"的历史演变研究/刘敏芝著. —北京:语文出版社，2008.8

ISBN 978-7-80241-039-8

Ⅰ.汉… Ⅱ.刘… Ⅲ.汉语—助词—研究 Ⅳ.H146.2

中国版本图书馆 CIP 数据核字(2008)第 053804 号

汉语结构助词"的"的历史演变研究

刘敏芝 著

*

语文出版社出版

100010 北京朝阳门南小街 51 号

E-mail:ywp@ywcbs.com

新华书店经销 北京市联华印刷厂印刷

*

890 毫米×1240 毫米 32 开本 6.5 印张 186 千字

2008 年 8 月第 1 版 2008 年 8 月第 1 次印刷

印数：1-3,000 定价：20.00 元

内容提要

结构助词“的”是现代汉语使用频率最高的虚词之一。“的（底）”在唐代产生，并在宋元明清时期迅速发展出复杂多样的语法意义和句法功能。但是与现代汉语的研究相比，“的”在近代汉语阶段的发展演变过程的研究到目前为止则是比较薄弱的。因此，对“的”从唐宋到清代的历史演变进行详尽的考察分析有助于我们了解现代汉语结构助词“的”的种种用法的来源和演变情况，更好地认识现代汉语“的”的语法意义和句法功能。

本文主体以时代为划分依据，分为唐五代时期、宋金时期、元代、明代、清代五章，采取句法和语义相结合的研究方法，分别从“的”的组合功能、“的”字结构的句法功能和“的”表自指和转指的功能的角度，选取有代表性的语料进行分类描写和定量统计，同时进行历时和共时的比较，说明“的”字结构共时平面的差异和历时发展的面貌，以及近代汉语的“的”对前代结构助词“之”“者”如何继承，又如何发展为现代汉语的“的”，“之”“者”的用法如何萎缩，即这三者之间的衔接关系。唐五代时期定语和中心语之间零标记占了很大比重，尤其是在名词性定语和中心语之间。此外，旧的语法标记“之”也占有很大比例。“之”和转指标记“者”和“所”到元代基本被“的”取代，而一直到明清时期，结构助词“的”才逐渐成为某些定语和中心语之间不可缺少的语法标记。结构助词“的”产生之后有一个进一步虚化的过程，成为句末语气词，起形象化作用，甚至只有韵律功能。“的”字结构的句法功能到12世纪左右就已经很完备了，主要做定语、主语和宾语，后代只是在此基础上有使用频率的差别和一部分次要句法功能的消长。

近代汉语中存在独用的表自指的结构助词“的”，是谓词性成分指称化的标记。它产生于五代时期，这一时期“底$_{s}$”的用法较为单纯，多用于选择疑问句或取舍句。宋代“底$_s$”的用法大大膨胀，不但可以用于谓词性成分之后，也可以用于体词性成分之后。元代受蒙古语的影响，产生了“VP 的$_s$”做受事主语的用法。明清时期的“的$_s$”渐渐消除了外来语和文言的影响，在口语中从形式上来看只保存了五代时期的取舍句。

近代汉语中“的”表转指的用法也有一个发展过程。唐五代时期，“VP 底$_t$”只能提取主语或宾语，只能转指施事、受事（广义）和结果，到宋代发展出转指工具、处所、方式、原因、根据、内容等语义格的用法。而这些语义格到了元明清时期又有所减少。

对近代汉语的结构助词“的”进一步虚化的过程和动因，本文进行了细致的描写和初步的解释。

目　录

引 言

一、现代汉语结构助词“的”的语法意义及用法

现代汉语的结构助词在书面上分化为“的”“地”“得”三个，其中“的”的基本句法功能是构成“的”字短语充当定语修饰名词，或构成“的”字短语代替名词；“地”的基本句法功能是构成“地”字短语充当状语修饰动词或形容词；“得”的基本句法功能是用于述补结构的动词、形容词和补语之间，充当补语的标志。

现代汉语的结构助词“的”的用法主要有以下几种①：

1. 构成“的”字短语修饰名词。除连词、助词、叹词外，各种词语都可构成“的”字短语修饰名词。

(1)名+的+名。如：我的爸爸/公民的权利/搪瓷的浴缸/血的教训/今天的中国/屋里的书/松树的根/前排的小朋友。

(2)动+的+名。如：写的字/看书的人/策划的方案/迟到的原因/探险的故事/掉在地上的烟/买房子的钱/削苹果的刀。

(3)形+的+名。如：冷的感觉/近的学校/刻薄的人/可爱的孩子/愉快的心情/狼狈的样子/悲观的原因/雪白的墙壁/红通通的脸蛋儿/紧张的气氛。

(4)介词短语+的+名。介词限于“对、对于、关于”等几个。如：对工作的态度/对学校的印象/关于托运货物的规定/以小王为首的学生/跟他说话的人。

(5)象声词+的+名。如：哗哗的流水声/嗖的一个箭步。

---

① “的”的用法主要参考了吕叔湘 1999:《现代汉语八百词》(增订本)，商务印书馆；范继淹 1979:《“的”字短语代替名词的语义规则》,《中国语文通讯》第 3 期；黄国营 1982:《“的”字的句法、语义功能》,《语言研究》第 1 期；赵元任 1968:《汉语口语语法》，吕叔湘译，商务印书馆。

(6)小句/四字语＋的＋名。如：你说的话/李老师上课的教材/历史悠久的国家/老实巴交的人。

2. 构成“的”字短语代替名词。修饰名词的“的”字短语，在语境明确、意思清楚的情况下，往往可以代替整个组合，这其中有一定的规律。

(1)名＋的(＋名)。表示非固有的领属关系，或表示属性，而修饰语名词指具体物品或数量，或表示质料，中心名词泛指人或指具体物品的，中心名词可以省略。如果在句中省略中心名词的短语和保留中心名词的短语位置接近，表示对比，中心名词是抽象名词的有时也可省略。还有一些熟语性的，省略的中心名词是抽象名词，语义蕴含在前面的动词里。如：二年级的去开会了/他的衣服比我的好/这支笔是我的/缎子的(被面)/出了问题，该谁的就是谁的/这次就看你的了/你忙你的/明天再说明天的。

(2)形＋的(＋名)。修饰语是区别性或分类性的，中心名词可以省略。借助指量词或数量词，形容词生动形式有时可以代替名词。如：这堆衣服新的留下，旧的扔掉/我要这朵红的(花)/这绿油油的全是麦田/我选了一个方方正正的。

(3)动＋的(＋名)。中心名词能做前面动词的主语或宾语的，可以省略，否则不能省略。从语义上看，中心名词可以是动词的施事、受事、处所、工具等等，都是动作所涉及的事物，区别于非动作所涉及的事物，因此也是一种区别性的修饰关系。如：参观的(人)都来了/一路上一个认识的(人)也没看见/住人的(房间)在楼上/这刀是切熟肉的。

有的“动(＋宾)＋的”指称一类事物或表示特定的称谓，如：吃的/穿的/卖报的/教书的/送信的。

(4)小句＋的(＋名)。中心名词能做小句中动词的宾语的，可以省略，否则不能省略。如：他写的都是小说/那边屋顶很尖的是一座教堂。

3. 名＋的＋动/形。这里的动词包括动词短语，主要用于书面语，名词能做动词的主语或宾语，或能做形容词的主语。如：他的穷是人人知道的/群众的支持/教材的编写。

4. 构成“的”字短语做谓语。除了在“是”后出现比较自由外，“的”字短语单独做谓语有一定限制。

(1)名/代+的。限于表示非固有的领属关系或质料的。如：这本书小张的/这件衣服真丝的。

(2)形+的。可以是单音节形容词，主语所指必须是具体物品。如：这菜辣的/这支枪假的/这个答案错的。

可以是形容词生动形式。如：笑容甜甜的/衣服鼓鼓囊囊的/脸红扑扑的。

双音节形容词前面要加“怪、挺、够”等副词。如：这个问题怪复杂的/他挺风趣的/这把刀够锋利的。

(3)动/小句+的。如：这本书借来的/电影票我买的。

(4)四字语+的。如：他这人丢三落四的/大伙有说有笑的。

5. 构成“的”字短语用在“动+得”之后，表示结果的状态。

(1)形+的。限于形容词短语和形容词生动形式，前面的动词一般是单音节的。如：日子过得甜蜜蜜的/答应得挺痛快的/走得远远的/穿得整整齐齐的。

(2)四字语/熟语+的。如：说得天花乱坠的/吵得脸红脖子粗的/头发弄得僧不僧道不道的。

6. 用在句子末尾，表示一定的语气。严格说来，这种用法的“的”是语气助词。

(1)表示肯定。用不用“的”意思相同，但用“的”后加强了肯定的语气。如：我打听过的/他不会忘记你的。

(2)表示已然。某些句子末尾不用“的”表示事情尚未发生，用“的”则表示已经发生。如：他怎么回去的？/我两点钟离开的/我们坐飞机来的。

7. 其他用法。

(1)在指人的名词、代词和指职务、身份的名词中间加“的”，表示某人取得某种职务或身份。可以单独成句，也可以后加动补结构。后一种情况时，第二个名词如果能做动词的宾语，就不限于表职务等的名词。如：今天我的东/谁的主席？/他的老师当得好/他的媒人没做成/他的篮球打得好。

(2)在某些动宾复合词或动宾短语中间，插入指人的名词或代词加“的”，表示某人是动作的对象。如：沾他的光/吃他的亏/告我的状/做小王的工作/开他的玩笑/打他的主意。

(3)在某些动宾短语中间，插入时量短语加“的”，表示某个动作或事件持续的时间。如：他看了一天的书/我们开了一个小时的会/他作了两个小时的报告/学校给他安排了一年的课。

(4)在某些句子的动词和宾语中间加“的”，强调已发生的动作的主语、宾语、时间、地点、方式等。如：我昨天进的城/我跟他学的开车/我做的饭。

(5)用在某些短语之后，指示造成某种结果或事态的原因。如：他头疼是发烧发的/看你们把他惯的。

(6)用于某些短语之后，有形象化的作用。如：块儿八毛的/花呀草的/大白天的/走啊走的。

(7)在并列的词语后，表示“等等、之类”，表示举例，跟“什么的”同义。如：车辆牲口的围了一门口子。

(8)口语中用在两个数量词中间，或者表示相加。如：二十的八十，一共一百块。或者表示相乘(限于面积、体积)。如：两米的三米，共六平方米/八平方米的两米，合十六立方米。

二、选题和研究内容

朱德熙先生把现代汉语的结构助词“的”分为的$_1$、的$_2$、的$_3$，的$_1$是副词性语法单位的后附成分，的$_2$是形容词性语法单位的后附成分，的$_3$是名词性语法单位的后附成分①。结合上述现代汉语“的”的主要用法，我们可以发现，第1至第6种用法中的“的”确实是后附性质的，只不过有的后附于词或短语，有的后附于整个句子，而第7种“其他用法”中部分“的”的性质则是插入性质的，并不是“的”前语法单位的后附成分。现代汉语中上述“的”的七种主要用法是如何产生和演变的？其中“的”的性质有何不同？这些就是本书的主要研究内容。

关于结构助词“的”的研究，明显存在“两头热，中间冷”的现象。一方面，现代汉语“的”的用法复杂多样，研究成果也极为丰富。朱德熙先生的《说“的”》发表之后，曾引起现代汉语学界关于“的”字的性质和用法的大讨论，一直到现在，结构助词“的”的研究都是现代汉语研究的一个重要课题。另一方面，关于“的”的历史演变的研究，多集中于“的”及其前身“底”的来源和早期的“底”的用法，对结构助词“底(的)”从宋代到清代的历史发展研究得还不够充分，无论是断代还是专书，都缺乏系统的研究，可以说是一段亟须弥补的空白地带。而应当注意的是，“底(的)”虽然出现较晚(唐代才开始出现)，但出现以后却迅速地发展起来，其语法意义和句法功能不断扩大，呈现出丰富多彩的面貌，有的只是在某一特定的历史时期使用，后来被淘汰，有的则一直沿用到现代汉语中，使汉语的面貌发生了重大变化，“的”最终成为现代汉语出现频率最高、语法意义最丰富的虚词之一。所以，对结构助词“的”从唐代到清代的历史演变进行详尽的考察分析，将有助于弥补上述缺陷，全面了解“的”的发展过程，了解现代汉语“的”的种种用法的来源和演变情况，更好地认识现代汉语“的”的语法意义和句法功能。

本书的研究范围从时代上定于从唐五代结构助词“底”有书面记载开始，到20世纪初期刊行的《小额》《燕京妇语》为止。鉴于结构助词“的”产生较晚，而其用法的发展演变一直持续到现代汉语，其中很多新兴的用法是清代以后产生并发展起来的，要追溯其来

---

① 详见朱德熙1961:《说“的”》,《中国语文》12月号。

源和演变过程，必须考察清代中晚期的口语语料，因此，本文将研究范围作了以上规定。从研究内容上，如上所述，本文主要以名词性语法单位的后附成分"的"及其前身"底"为研究对象，因为在唐宋时期的书面纪录中，结构助词"底"和"地"（还有少量的"得"）的用法有交叉混用现象，所以对唐宋时期的研究不限于"底"，也包括与"底"混用的"地""得"。"的"在书面语中出现以后，有很长一段时间，它不仅出现在体词性结构中，也出现在谓词性结构中，包括了现代汉语中"的""地""得"的大部分用法。对于这段时期的"的"，则采取甄别的态度，只考察和分析体词性结构中的"的"。

三、研究语料

本书选取了从有文献记载的"底"出现的唐五代语料，到20世纪初期刊行的《小额》《燕京妇语》为止，每个朝代选取一些有代表性的口语语料作为研究对象，并尽量照顾到各种不同文体。如唐五代以敦煌变文、《祖堂集》为主要语料，以《近代汉语语法汇编（唐五代卷）》等为辅助语料；宋代以禅宗语录《景德传灯录》《五灯会元》《碧岩录》，宋儒语录《河南程氏遗书》《象山语录》《朱子语类》，以及《近代汉语语法汇编（宋代卷）》为主要语料；金代选取《刘知远诸宫调校注》和《古本董解元西厢记》为主要语料；元代选取《新校元刊杂剧三十种》《元本琵琶记校注》，《永乐大典戏文三种校注》中的《宦门子弟错立身》和《小孙屠》两种，以及《元典章·刑部》《元代白话碑集录》《原本老乞大》《新编五代史平话》为主要语料，选取《近代汉语语法资料汇编（元明卷）》等为辅助语料；明代选取《训世评话》《老乞大谚解》《朴通事谚解》《金瓶梅词话》《拍案惊奇》《三遂平妖传》《西游记》为主要语料；清代选取《老乞大新释》

《重刊老乞大谚解》《儿女英雄传》《语言自迩集——19世纪中期的北京话》《小额》《燕京妇语》为主要语料。

四、研究现状

就目前情况看，学术界对结构助词“的”的历史演变的研究，主要有以下四个方面：

1.“底”的来源

这是研究比较集中的问题，主要有五种意见。一种认为来源于“者”，持这种意见的学者有吕叔湘(1943)，另外还有太田辰夫(1958)、曹广顺(1995)、吴福祥(1996)；一种认为来源于“之”，王力(1958)持这种意见，另外还有梅祖麟(1988)。以上两种意见的一个共同之处就是都认为近代汉语的“底”是对古代汉语原有的语言成分的继承。近年来出现的两种意见则认为“底”并非从前代的结构助词继承而来，而是在特定的句法环境中通过语法化独立发展出来的，对于前代的结构助词而言是“词汇兴替”的关系。其中一种意见认为结构助词“底”来源于方位词“底”，江蓝生(1999)首次提出，储泽祥(2002)从现代汉语方言的角度给予支持；另一种意见认为结构助词“底”源于指示代词“底”，冯春田(1990、1991)首次提出虽然“底”字结构来源于“者”字结构，但“底”不是由“者”通过语音变化发展来的，而是来源于指代词“底”。石毓智、李讷(1998)进一步指出，“底”是由指示代词或疑问代词“底”在特定的句法环境中，在“数+量+名”格式的巨大类推力量的直接推动下发生语法化演变而来的。此外，祝敏彻(1982)认为“底”既来源于“之”，也来源于“者”；香坂顺一(1992)提到“的”是从指示代词发展而来的，但都未做进一步说明。对这些意见的详细评介见本书

第一章第一节。

2.“底(的)”的用法

关于“底(的)”的用法的研究主要集中于唐宋时期的几种主要文献:敦煌变文、《祖堂集》和《朱子语类》。吕叔湘(1943)考察了唐宋时期“底”和“地”的用例后提出:“跟‘地’的大率是重言(xx 或 xyy),或双声,叠韵;跟‘底’的字大率不具备这种形式。这两类词的作用也显然不同:前者的作用在于描写情态,后者的作用在于区别属性。”并进一步概括说:“在唐宋时代,区别性(qualitative)加语之后用‘底’,描写性(descriptive)加语之后用‘地’。”①吴福祥(1996)对《敦煌变文集》中“底”“地”的用法进行全面考察后指出:变文里的“地”与“底”在功能和用法上都存有差别。“地”字结构只充当状语,用于描写情态;“底”字结构则主要充当定语,用于区别属性。二者在功能和用法上既对立又互补。可见,变文里“地”“底”的使用情形与吕叔湘(1943)的说法正好相符。②

曹广顺(1995)对《祖堂集》中“底(地)”的使用情况进行全面考察后指出:在结合关系上,名词、动词之后只用“底”,形容词、副词之后兼用“底”“地”,但“底”用得多于“地”。在功能上,做主语、宾语和定语只用“底”,谓语和状语兼用“底”“地”,但“地”做谓语只限于形容词之后,做状语只限于副词之后。从《祖堂集》看,“地”只是“底”的一个附属,其分布与功能都被囊括在“底”字之内。③由此可见,晚唐五代时“底”“地”开始在某些用法上混用,区别已不像唐代那么严格。这一研究对吕叔湘(1943)的结论有所修正。

祝敏彻(1982)对《朱子语类》中“底”“地”的语法作用分别进行考察之后发现,《朱子语类》中的助词“底”和“地”的作用截然不同:“地”字结构用做句中的状语、谓语、表语和补语,“底”字结构用做句中的定语、主语、宾语和表语。二者虽都用做表语,但“底”字

① 吕叔湘 1943:《论底、地之辨及底字的由来》,收入《汉语语法论文集》(增订本),商务印书馆,1984。

② 吴福祥 1996:《敦煌变文语法研究》,岳麓书院。

③ 曹广顺 1995:《近代汉语助词》,语文出版社。

结构充任的表语和“地”字结构充任的表语很不一样:“地”字结构做表语是描写性的,它往往是描写主语所代表的事物的性质和状态;“底”字结构做表语是判断性的,是判断是与不是的。祝文还对“底”字结构的内部构成成分,即“底”的组合功能进行了考察,共分为13种,其中和代词结合的“底”有277个,“底”前的代词以单音代词为最常见,如“这底”“那底”“自底”“己底”“甚底”,这是与现代汉语的不同之处。

何乐士(1992)在对元杂剧的语法特点的研究中介绍了出现频率高、用法灵活多样的助词“的”,指出元杂剧中的“的”有以下特殊用法:用在动词或形容词谓语之后,表示谓语叙述的是一种状态。(如:“这厮好大胆也!我根前你来我去的。”“大小属官,两廊吏典,休要大惊小怪的!”)何文在对助词“的”进行描写之后总结说:“(元杂剧中的‘的’)很多用法几乎可与现代汉语相比类,这不能不说是元代语言的一个重大特点。同时值得注意的是,‘的’出现较晚,但却发展迅速,由它的开始出现到广泛运用,即由北宋到元代末年,大约只有三百多年时间,在这一时期,语言的其他方面也发生许多令人瞩目的变化,足以使汉语的面貌发生重大改变。因而我认为这个阶段的社会历史情况是非常值得注意的,它确实对语言的发展产生了极其深刻的影响。”①

李崇兴(1999)以《元典章·刑部》中的结构助词为研究对象。他指出,《刑部》中“的”“底”并见,“的”字在数量上已占压倒性多数。文章从两方面来观察“的”的语法功能:一是组合情况,即跟“的”组合的词和短语有哪些类别;二是组合成的“的”字结构的句法功能。从组合情况来看,“的”可以同名词、形容词、动词、副词四类词语组合,其中“动+的”最多,其次是“名+的”(包括“代+的”“数量+的”),“副+的”最少,“形+的”次少。从“的”字结构的句法功能来看,“的”字结构可以做定语、主语、

① 何乐士1992:《元杂剧语法特点研究》,程湘清主编《宋元明汉语研究》,山东教育出版社。

宾语和状语,没有发现做谓语和补语的例子。其中做定语是最常见的用法,这里又有两点值得注意:一是"名+的+名"已成常式,二是定中结构的复杂化,表现在"的"字结构的复杂化和定中结构的多层次化两个方面,这说明到了元代,"的"字的结构功能得到了很大的发展。另外,文章提到"的"字结构在蒙古语直译体文件中的一些特殊用法,如把一个非体词性成分转变为体词性成分,使之能够出现在主语或宾语的位置上,作者认为这是受蒙古语影响的结果。

都兴宙(1995)指出,《宣和遗事》中"底"和"的"的用法没有超出现代汉语"的"的用法,并从其写法由《朱子语类》中"底"占优势到《宣和遗事》中"的"占优势,推论南宋时期"的"的入声韵尾已经消失,读音与"底"字十分相近。

香坂顺一(1992)指出,《水浒》中不见"的""底"通用,统一为"的"。表修饰语作用的"的"与现代汉语的"的"基本上相同,但有三点比较特别:

(1)专有名词(人名)+"的":尤其是道说人名时使用"便是+人名+的+(便是)"或者"(是)人名+的+便是"。如:

小人便是白虎山前庄户孔亮的便是。

(2)表示假定语气:做语气助词,相当于现代汉语的"的话",也与古汉语的"者"相通。如:

我若是躲闪一棒的,不是好汉。

(3)现代汉语里,指示代词在人称代词之后时,前面一般不用"的",如只说"我这本书""他那爱人"就可以了,如说成"我的这本书""他的那爱人",则是强调"谁的"或者与其他作对比,而在《水浒》中"的"的这种用法很多。如:

怪得今日连我的这腿也收不住。①

太田辰夫(1958)把"的"的用法分为七类:(a)附在副词性形容语后面。如:慢慢的走。(b)附在形容词性修饰语后面。如:我

① [日]香坂顺一 1992:《水浒词汇研究(虚词部分)》,文津出版社。

的书/人的手/红的花/走的人/走路的人。(c)上述词组中去掉被修饰语的形式。如:我的/人的/红的/走的/走路的。(d)紧跟在动词后面,用在句中,说明伴随动作的种种情况。如:我昨天到的北京。(e)用在句末,表示说明语气。如:他不会打你的。(f)紧跟在动词后面,表示动作进行的场所或到达点。如:坐的这儿/跑的那儿。(g)引入补语。如:说的大家都笑了。/冷的发抖。以上的"的"根据其来源可以分为(a)地,(b)(c)(d)(e)底,(f)到、在,(g)得。(b)(c)"的"附于形容词性修饰语之后。(d)在动词后面用"的","的"后面带宾语,"的"在句中,如:我昨天到的北京。太田有洞察力地指出,这些是对既往事实的叙述,但表达的重点不是动作本身,而是放在和动作有关的事情(例如动作进行的时间、场所等)上面,而对此加以说明,因此不能认为"的"是表示过去的。"的"的这种用法从元明时能见到,应该认为它们是同动词中采用"是……的"这种形式的句子的变形。(e)也是"是……的"省略"是"而成的形式,因此"的"是属于"底"的系统的。说明的语气本来是"是"具有的,但"是"省略之后,就使人感到好像是"的"表达这种语气似的。这种"的"乍一看,像是表语气的句末助词,但它和"吗""吧"等有本质的区别,它不过是出现于句末的接续助词。这种用法的"的"清代很多,明代也能见到。(f)这种用法似乎很新,在文献中不太能见到。恐怕是和"在"同义的dai(写作"待""呆")和"道"因轻声而变音,就写成了"的"。它完全是不同的系统,只能放在动词后面,所以应看做后助动词。①

进行专书和断代研究的还有石锓(1992)和王森(1993),分别考察了元代和《老乞大》《朴通事》中的结构助词"的"。

3. 由"底(的)"组成的固定格式和特殊用法

结构助词"底(的)"在发展过程中逐渐出现了一些与其他词语组合的固定用法,成为近代汉语的特色之一,引起了一些学者的关

---

① [日]太田辰夫1958:《中国与历史文法》(中译本),第323—330页,蒋绍愚、徐昌华译,北京大学出版社,1987。

注。香坂顺一(1997)对"甚的(甚底)""为的是""咱的""……的这、那"跟"这、那……的""～是的""～似的""N的VP——句子的仂语化""没的"等格式进行了考察,得出了许多有价值的结论。如在讨论"……的这、那"跟"这、那……的"的时候指出,本来汉语是不带很长的修饰语的,而通过改变指示代词的位置,改变了自己的"体质",出现了较长的修饰语,在《儿女英雄传》中这种现象格外突出。如:

(1)一念便想到由国子监祭酒新放乌里雅苏台参赞大臣的这个安骥上。(40回)

(2)这位大员就是当日安爷要到河南以前那位德成卜三爷来给公子提亲的那个隆府上。(同上)

(3)又犯了那年公子乡试他等不着喜信儿头晕的那个病了。(同上)

在现代汉语中,"那个"一般位于句首,其作用是使人事先认识到后面的成分是修饰成分。①

江蓝生(1992)和(1994)分别探讨了助词"似的"的语法意义及其来源和"动词+X+地点词"句型中介词"的"的来源,认为北京话的"动词+X+地点词"句型中的X成分"的"源自"著"和"得"。其中"的"相当于"在"的可能是"著"的轻读音变形式,相当于"到"的是"底"的异形字,是从"得"在动词后面做补语表示"达到"义虚化而来的。曹广顺(1994)把《金瓶梅词话》中用在句末表示判断的"是的"(如:贼奴才,还装憨儿,无故只在这屋里,你替我老实寻是的。)从意义上分为三类分别考察,结合同期其他文献的使用情况,指出这种"是的"的最早用例见于《元典章》中直译体的诏书,进而推测它是从蒙古语助词"jim"对译的汉语"是的"引申出来的。处在句尾的"是"是一个语气助词,"是的"中的"的"显然是与唐宋产生的结构助词"的"不同的词。他还指出,语气助词"的"的较早用例也见于元代直译体的白话诏令中,如:俺商量得,他每

① [日]香坂顺一1992:《水浒词汇研究(虚词部分)》,文津出版社。

的言语是的一般。(《元典章·一六》)与它相应的是蒙文语气词"daa",因此推测语气助词"的"也是受了蒙古语的影响产生出来的。这与前面太田辰夫的观点(即认为由"是……的"省略"是"而成,"的"属于"底"的系统)完全不同。在现代汉语里,有没有"是……的"句式还是一个有争议的问题。有的学者认为有,"是"和"的"都表示语气,有的认为汉语中不存在什么"是……的"句,所谓"是……的"句实际上是以"的"字短语为"是"字宾语的"是"字句。① 而汉语中究竟有没有语气助词"的",如果有,它是如何产生的,是汉语自身发展的结果,还是受外来语影响的产物,还是一些值得探讨的问题。

刘志生(2001)探讨了近代汉语中"哭的哭,笑的笑""长的长,短的短"这类"X 的 X"格式,指出它最早见于《五灯会元》,能进入此格式的"X"的形式从宋到清数量扩大,格式的特点是固定性和独立性。其独特的语法特征和表意功能是这一格式得以发展的内部原因,而文体的变化及汉民族崇尚对称的审美意识是其产生和发展的外部原因。

在近代汉语结构助词"的"的发展过程中出现的一些不同于现代汉语的特殊用法,也引起了一些学者的注意。如古代汉语中有一个用在主谓结构的主语和谓语之间的"之",王力(1958)称之为"句子的仂语化",认为"上古汉语这种结构中的动词(或动词仂语)近似一种行为名词(action noun),中古以后,在口语中渐渐丧失了这种结构,只有古文作家模仿这种结构写成书面语言。大约口语中的'的'('底')字产生后,这种结构就在口语中绝迹了,因为'的'是词尾(语尾),不是介词,所以没有把介词'之'的这种功能继承下来。五四以后,汉语受西洋语法的影响,重新采用了这一个古老的形式。"②朱德熙(1983)把这种"之"称为表自指的名词化标记,王洪君(1987)用统计出现频率及语境分析的方法描写了这种

① 参见朱德熙 1983:《说"的"》,《中国语文》1962 年 12 月号;杨石泉 1997:《"是……的"句质疑》,《中国语文》第 6 期。

② 王力 1958:《汉语史稿》(中册),第 395 页,科学出版社。

名词化标记“之”的消失过程，结论是“N之$_s$V”在西汉初年已大大衰落，南北朝初期已在大众口语里消失，因此“之$_s$”的消失从时间上讲要早于“底”的兴起。那么，“的（底）”在产生之后有没有继承“之$_s$”的用法呢？据我们的考察，在《朱子语类》中就有了，而且经常与“之$_s$”处于对应的语法位置。如：

（1）问“十五志于学”。曰：“横渠用做实说，伊川用做假设说。圣人不到得十年方一进，亦不解悬空说这一段。大概圣人元是个圣人了，它自恁地实做将去。它底志学，异乎众人之志学；它底立，异乎众人底立；它底不惑，异乎众人之不惑。”（卷第二十三 论语五·为政篇上）

（2）义之严肃，即是仁底收敛。（卷第六 性理三·仁义礼智等名义）

（3）又曰：“子路底收敛，也可以到颜子；颜子底纯熟，可以到夫子。”（卷第二十九 论语十一·公冶长下）

在其他文献中也时有所见。① 如：

（4）苻习部下将三十余人，闻得晋王的说，以义激发，将足顿地恸哭。（《新编五代史平话·唐史下》）

（5）防闲，古人亦有之，但他底防闲与吾友别。（《象山语录·下》）

还有用于名词之后的特殊的“的”。② 如：

（5）再抬头看时，那个妇人的却不见了。（《平妖传》二十三回）

（6）娘的向前道：“我儿！莫看爹面看娘面，好歹记得些法儿，便救娘的性命则个。”（同上，二十回）

还有固定格式“……的便是”，“的”也是用于名词之后，是元明时期常见的自我介绍表达法。如：

（7）我是刘添瑞之子，安住的便是。（《清平山堂话本·合同文字》）

---

① “N之$_s$V”在各时代的发展情况参见每章“‘底（的）’的组合功能”的相关部分。

② 这里的“的”是自指的“的”，详情参看每章“‘的（底）’表自指和转指的功能”的相关部分，以及刘敏芝（2004）《近代汉语中表自指的结构助词“的”》，《语言学论丛》第二十九辑，商务印书馆。

(8)老身陈婆婆的便是。(元曲《陈母教子》二折)

(9)俺是东京八十万禁军教头王进的便是。(《水浒全传》二回)①

以上这些语言现象在结构助词"地(底)"的发展过程中应该说都不是主流,但其性质、特点和发展都还值得进一步考察。

4. 结构助词"个"

"个"是近代汉语中一度与"底(的)"同时使用的一个结构助词,虽然其使用频率远远不及"底(的)",但它具有很强的生命力,在现代汉语的许多方言中还广泛存在,因此它的产生和发展也是结构助词历史演变的一个方面。对这个问题进行考察的有曹广顺(1994a)、赵日新(1999)和石锓、董伟(1996b)。

五、结构助词"的"的历时研究的成就与不足

综上所述,汉语结构助词"的"的历史演变的研究取得了一些值得注意的成果,特别是对"的"的历史来源问题作了种种推测,开阔了我们的研究思路;对唐宋以来"的"的用法的历史演变作了一些有益的探索,使我们从中得到一些"的"字发展的线索。但也存在诸多问题:

1. 缺乏对断代和专书全面、系统的研究。已有的研究多是对少数几种文献的考察,比较零散,尤其是明清时期的研究比较薄弱。这可能是因为在大多数人的印象中,结构助词"的"到了明清时期就与现代汉语中"的"的用法完全一样了吧。确实,在这一时期"的"的很多用法是与现代汉语一致的,但也有一些与现代汉语

① 例(4)—(9)引自俞光中、[日]植田均1999:《近代汉语语法研究》,第415页,学林出版社。

不同的特点值得我们去发掘。

2. 研究角度和方法比较单一，缺乏系统的理论指导。以往的研究很多是停留于描写某部专书或某个时期“的”的组合功能和句法功能，即“的”可以与哪些词类和短语组合，组合之后可以在句中担任哪些句法成分。这确实代表了“的”的用法中很重要的方面，从中可以看出各个不同时期“的”的功能发展的概貌，是我们的研究应该着力加强的部分，因为这方面的描写也不能说已经很充分了。但这并不是问题的全部。我们认识到，如果只从这些单一的角度出发来进行研究，将会影响到我们对结构助词“的”历史演变的认识的深度。在这方面，我们可以适当借鉴现代汉语的一些研究角度和方法，寻找合适的切入点，去发掘我们以前没有发现的现象。举例来说，现代汉语“自指和转指”“句法空位和成分提取”①的观察角度，使我们可以把语义和句法结合起来，对“的”的功能进行深层次的探讨。现代汉语谓词性成分后面加“的”造成的名词性结构，既可以表示转指意义，也可以表示自指意义。一般认为，自指的“V(VP)的”只能在定语位置上出现，而且不能离开后面的中心语独立。例如：

(1) 开车的技术/说话的声音/走路的样子/到站的时间/爆炸的原因/打架的事情②

当我们考察唐宋時期的“底”字结构时，我们发现有表示自指的“V(VP)底”，而且“V(VP)底”可以单独做主宾语。如：

(2) 师曰：“默底是？说底是？”对曰：“默底是。”(《祖堂集卷五·云岩和尚》)

(3) 师云：“卧底是，不卧底是？”(《祖堂集卷五·椑树和尚》)

(4) 悟底是，不悟底是？若便悟去，亦不分外；若便不悟去，亦不分外。(《祖堂集卷十一·保福和尚》)

(5) 时有人便问：“承师有言：大家识取混沦，莫识取劈破。如

① 参见朱德熙 1983：《自指和转指》，《方言》第 1 期；袁毓林 1994：《句法空位和成分提取》，《汉语学习》第 3 期。

② 引自朱德熙 1983。

何是混沦?”师良久。问:“如何是劈破底?”师云:“只这个是。”(《祖堂集卷十三·福先招庆和尚》)

(6)谢教,曰:“毕竟揖逊与征伐也自是不同,征伐是个不得已。”曰:“亦在其中,然不专就此说。”淳曰:“既征伐底是了,何故又有不得已意?”曰:“征伐底固是,毕竟莫如此也好。”(《朱子语类·卷二十五》)

(7)学问,就自家身己上切要处理会方是,那读书底已是第二义。(《朱子语类·卷十》)

表示自指的“底(的)”的用法何时产生,其发展演变的过程如何,何时萎缩,都是本书考察的重点之一。

现代汉语“VP的”所表示的转指意义从语义格的角度看,可以指动作的施事,也可以指受事、与事、工具、时间、处所等;从空位成分提取的角度看,转指的“VP的”是对一个主谓结构中主语或宾语的提取,提取对象总是“VP”中的缺位成分,如果没有缺位,则为自指。古汉语里的“者”是提取主语的,“所”是提取宾语的,“VP者$_t$”大多指施事,少数指受事(因为古汉语里有受事主语句);“所$_t$VP”可以指受事、与事、工具、处所等,不能指施事(因为宾语在古汉语里只能指受事、与事、工具等,不能指施事)。大致说来,“VP的”的所指相当于“VP者”和“所VP”的总和①。据我们考察,“VP的$_t$(底)”在产生的初期(敦煌变文、《祖堂集》)只能提取主语或宾语,只能指施事(包括感事和主事)、受事(包括结果、对象和系事),不能指称其他语义格,后来才慢慢发展出指称其他语义格的用法。据研究,在现代汉语中存在“VP的”指代可能性上的优先级序列②,而在历时上“VP的”转指的语义格也有出现的先后顺序。这

① 朱德熙1983:《自指和转指》,《方言》第1期。

② 参见刘津2000:《“VP的3”结构独立指代现象的考察》,北京大学硕士论文。总的优先级序列是:能充当VP结构中主宾语的名词性成分容易被“VP的”结构所独立指代,不能充当VP结构中主宾语的名词性成分不容易被独立指代。在这一总原则下,将名词性成分的语义角色分为三个等级。其中,施事、受事是第一等级,工具、处所、时间是第二等级,非格成分是第三等级,它们在被“VP的”结构独立指代的可能性上依次降低。

两种顺序有一致的地方，也有不尽相同之处。

3. 材料描写未能与功能解释相结合。以往的研究注重描写而解释不足，为了揭示语言现象背后的发生机制和语言演变的规律，我们可以借鉴现代语言学、认知科学的研究成果，在详尽描写的基础上进行合理的解释。

六、本书的研究方法和结构安排

为了描写方便起见，我们在引言之后以时代为划分依据，分为唐五代时期、宋金时期、元代、明代、清代五章，采取句法和语义相结合的方法，分别从“的（底）”的组合功能、“的（底）”字结构的句法功能和“的（底）”表自指和转指的功能的角度，选取有代表性的语料进行分类描写和定量统计，同时进行历时和共时的比较，力图说明“的”字结构共时平面的差异和历时发展的面貌，说明近代汉语的“底（的）”对前代结构助词“之”“者”如何继承，又如何发展为现代汉语的“的”，即这三者之间的衔接关系。同时，对定语和中心语之间的有标记和零标记的历史变化进行了初步的考察。“的”在产生之后语法功能不断发展，并进一步虚化为语气词、具有形象化作用的词和短语的后附成分，甚至发展到后来只有韵律功能而没有具体的语法意义。“的”在代替了“之”“者”成为汉语口语中的常用助词之后的这一系列的发展和虚化过程及虚化机制，是本书要解决的主要问题。另外，还描写了每个时代有代表性的特殊用法的发展过程，对其产生和消失的原因进行了解释。

七、本书的一些术语和概念

这里,我们对本书将用到的一些术语、概念和符号进行大致的介绍。

一般情况下,下列符号的含义是:

NP:名词性短语。

VP:动词性短语。

A:形容词。

X:包括名词、动词、形容词及名词性短语、动词性短语等。

在谈到"的"字结构的转指时,我们把语义格分为以下几类①:

1. 施事:自主性动作、行为的发出者。其语义特点是:

(1)自立性。即其所指的事物先于动词所表示的事件独立存在。

(2)使动性。即其所指的事物施行某个动作,或造成某种事件或状态。

2. 感事:非自主的感知性事件的主体。其语义特点是:

(1)自立性。

(2)感知性。即其所指的事物在由动词所表示的事件中表现出了某种感知能力。

3. 主事:性质、状态或变化性事件的主体。其语义特点是:

(1)自立性。

---

① 目前语言学界对语义格的分类有很大的分歧,区分出来的语义格的数量差别很大,少至5个,多至26个甚至更多。本文的分类主要参考了袁毓林2002:《论元角色的层级关系和语义特征》,《世界汉语教学》第3期;贾彦德1997:《对现代汉语语义格的认识与划分》,《语文研究》第3期。

(2)变化性。即其所指的事物的状态在由动词所表示的事件中发生了变化。

4. 受事:因施事的行为而受到影响的事物。其语义特点是:

(1)自立性。

(2)变化性。即其所指的事物的状态在由动词所表示的事件中发生了变化。

(3)受动性。即其所指的事物承受由动词所表示的动作、行为的影响。

5. 与事:动作、行为的非主动的参与者。其语义特点是:

(1)自立性。

(2)受动性。

(3)参与性。即其所指的事物参与动词所表示的动作、行为或事件。

6. 结果:由施事的动作、行为造成的结果。其语义特点是:

(1)变化性。

(2)受动性。

(3)渐成性。即其所指事物是在由动词所表示的事件中逐步形成的。

7. 对象:感知行为的对象和目标。其语义特点是:

(1)自立性。

(2)关涉性。即其所指表示相应感事所感知的对象和目标等关联物。

8. 系事:在事件里和主事相对的事物。其语义特点是:

(1)自立性。

(2)类属性。即其所指表示相应主事的属性、类型等。

9. 工具:动作、行为所凭借的器具。其语义特点是:

(1)自立性。

(2)位移性。即其所指事物在动词所表示的事件中移动了位置。

10. 方式:动作、行为所采取的方式、方法。其语义特点是:非自立性和附庸性，即其所指状况依附于由动词所表示的动作、行为之上。

11. 处所：动作、行为涉及的处所。

12. 原因：动作行为、状态产生的原因。

13. 根据：进行某种动作、行为的依据。

14. 内容：某种事物、状态内部所包含的实质或具体情况。

有时为了说明的方便，我们使用广义的施事、受事的概念。广义的施事包括施事、感事和主事，广义的受事包括受事、对象、系事和结果。

第一章

唐五代时期的结构助词“底”

第一节　关于结构助词“底”的来源的几种主要意见

结构助词“底”的来源问题是汉语语法史上一个很重要的问题，也是目前研究较为集中的领域，但迄今为止学界还没有一致的意见，可以说是个悬而未决的问题。实际上对“底”字与前代虚词的关系，很早就有人注意到了。元代卢以纬《语助》就谈到：“（者）或有俗语‘底’平字意。”“‘之’，指也。‘大成之殿’，指此殿为大成殿也。‘圣人之言’，指此言为圣人言也。凡‘之’字多有‘底’平字义。”卢以纬指出“之”“者”均有俗语“底”字义，值得注意的是，他在“底”下特意注明读平声。唐钺(1926)指出，古代汉语中“者”字有相当于“的”字的用法，并举出了一些例子：皇皇者华；彼茁者葭；彼苍者天（《诗经》）；闻弦者音烈而高飞（《战国策》）；是殆见吾善者机也（《庄子》）；农家者流（《汉书》）①。这些探索对后代的研究都有启发意义。下面对几种主要的看法加以简要的评介。②

一、来源于“者”

吕叔湘(1943)认为：“‘底’是否之、者的音变，牵涉到古代的语音，难于论证。要是就之和者来比较，之和底韵母较近，者和底声调相同，可能性的大小也差不多。”因此他主要从用法方面来考察。他把现代汉语中“的”的用法分为六类：

(a)名+的+名　　(a')名+的
(b)形+的+名　　(b')形+的
(c)动+的+名　　(c')动+的

① 唐钺 1926:《白话字音考原》,《国故新探》卷二。这些例子有些也可以理解为代词。
② 对于各家所使用的例句,我们未作改动。

古代汉语中的“之”只用于(a)(b)(c)三类，“者”只用于(b’)(c’)两类。吕文发现“者”字久已有兼并“之”字的趋势，并举了从先秦到唐宋的一些“者”用于(a)(b)(c)三类的例子。如：

(1)是乃所谓冰解冻释者能乎?① (《庄子·庚桑楚》)

(2)项王怒，将诛定殷者将吏。(《史记·陈丞相世家》)

(3)射手叛者斩，亡身及家长者家口没奚官。(《南齐书·张融传》)(亡身谓叛者本人)②

(4)问去者处士第几? 住何处? (《虬髯客传》)

(5)你前时要者玉，自家甚是用心，只为难得似你尺寸底。(《云麓漫钞·卷十五》)

而(a’)项用法在唐宋通俗文献中也出现了。如：

(6)汝等当知：彼罗刹女不久应来，或将男者，或将女者，显示与汝，悲慈哀哭，受于苦恼。(《佛本行集经卷49》)

(7)麦地占他家，竹园皆我者。(寒山诗)

因此吕文认为：“‘者’字很早就有兼并之字的趋势，到了某一时期，笔下虽有之和者两个字，口语里已经只有者一个词，它的应用范围不但包括本来的者和之，而且扩展到(a’)项即名词代词领格之不继以名词者。这个词后来写作底。”③吕文的例子存在一些问题，但是这一研究思路为后来的研究奠定了很好的基础。

太田辰夫(1958)也认为，与其说“的”是从“之”变来的，不如说“底”是从“者”变化而来的。他也发现在“者”变为“底”之前，“者”已经有取代“之”的倾向。如：

(8)有先天地生者物邪?④ (《庄子·知北游》)

(9)十二月生者豚，一宿蒸之。(《齐民要术·养猪》)

---

① 此例断句有争议。一般断为：“是乃所谓冰解冻释者，能乎?”则“者”为c’用法。

② 此例断句也有争议。一般断为：“泰始五年，明帝取荆、郢、湘、雍四州射手，叛者斩亡身及家长者，家口没奚官。”则“者”为b’用法。

③ 吕叔湘1943：《论底、地之变及底字的由来》，《汉语语法论文集》(增订本)第130页，商务印书馆，1984。

④ 此例存在版本问题。唐写本“者”下无“物”字。

曹广顺(1995)肯定了“底”是“者”的继承者,并认为“者”字功能向“之”字扩展有两个阶段:第一个阶段是到《祖堂集》中“者”已变为“底”,除了大量用于 b’、c’,少量用于 a’外,也出现了 c 的用法,“c 的出现既是‘者’向‘之’的扩展,也是‘底’自身功能的进一步发展。”①第二个阶段是到了宋代,“底”字具备了全部六种格式,“底”的功能从近于唐代的“者”到包括了文言中的“者”和“之”。

吴福祥(1996)提出了要断定乙源于甲应该具备的两个条件:一是甲、乙在用法上相同或相近;二是语音相近,或者至少具有音变的可解释性。从这两个条件出发,他赞成“底”源于“者”的意见。从第一个条件来看,“者”字的功能从秦汉时逐渐侵入“之”字的范围,出现了 b、c 两式,入唐以后又产生 a’式的用法。这样,唐五代时期“者”“底”的分布特征和句法功能完全一致。对于二者在音变上的可能性,吴文也给出了解释:“者”一般读作“止野切”,但《集韵》姥韵:“者,语辞。音董五切。”《类篇》卷四“白”部:“者,止野切,《说文》:‘别事词也。’又,董五切,语辞。”这样看来,“者”在唐代前后大约已有两读,上面所说的“语辞”,指的很可能就是“者”作为结构助词的用法。董五切的“者”为端母上声姥韵字,中古音可拟作[tu];“底”为端母上声荠韵字,中古音可拟作[tiei],而据李荣《切韵音系》,中古一二四等字全没有前颚介音。“底”为四等字,所以“底”的中古音应改写为[tei](梅祖麟 1988)。这样,“者”“底”声、调俱同,唯韵稍异。唐五代时用做结构助词的“者”“底”可能已读轻声。轻音化以后二者韵母的差别可能已变得不太明显,以至在唐五代的某些方言里 u、ei 混用,反映在书面上便是以“底”代“者”,最后“底”兴而“者”废②。

对“者”向“之”的用法渗透进行考察的还有俞理明(2001)。他研究了《太平经》中“者”字的用法,举了一些用在定语和中心语之间的“者”的例子,还有“者”后再加“之”的用法。如:

---

① 曹广顺 1995:《近代汉语助词》,第 132 页,语文出版社。

② 吴福祥 1996:《敦煌变文语法研究》,第 323—326 页,岳麓书社。

(10)大神以事白，天君言："太上有心之人，皆持心坚密，志常贪上有信，敕主者之神察之，有其人者，进白大神。"(卷111—184)

(11)思之思之，勿妄传恶者之人。(卷112—185)

俞文指出，这里的"者"失去了表意的作用，成为赘衍成分，和"之"一样，向用于限定成分和名词中心语之间的中介成分转化。而由代词性的"者"前加一个谓词性成分构成的名词性成分，可以像一个名词一样来修饰限制另一个名词，放在被限定的名词之前或之后。带"者"的名词性成分和代词性"者"构成的定语出现在名词前，其中"者"就失去了后置的特性，成为一个中介的成分了。俞文还指出，"者"向"之"的使用范围渗入的程度比我们通常所认为的要深，二者用法的混同，动摇了"之"在这个位置上的地位，是"底(的)"的产生动因之一。不论在"底"的产生过程中"之"是否起作用或起了多大的作用，有一点是可以肯定的：在连接定中关系的"底"的产生过程中，"者"是起了重要作用的。①

二、来源于"之"

王力(1958)肯定了"底"是从"之"演变来的，认为从语音上可以解释二者的继承关系："之"的上古音是 ȶĭə，后来在文言中的演变情形是 ȶĭə→tɕĭə→tɕi→tʂʅ，在白话里的演变情形是 tĭə→ti。这样就构成一对骈词："之"和"底"并存。同时还认为"底"字来自"者"的说法有三重困难：第一，"者"字在上古音属鱼部，在中古属麻韵上声，它怎样演变为"底[ti]"音，很难得到一个满意的解释；第二，"底"字显然是形容词的词尾和定语的语尾，"冷的水"和"冷的"里面的

① 俞理明 2001：《〈太平经〉中的"者"和现代汉语"的"的来源》，《汉语史研究集刊》(四)，巴蜀书社。

“的”字显然是同一性质的，说成两个来源，很难有说服的力量①；第三，人称代词后面的“底（的）”，如“你底（你的）”，“谁底（谁的）”，并不能译成古文的“汝者”“谁者”等②。王先生所说的第一重困难，如上所述，现在已经有了一定的解释，第三重困难也已解决，第二重困难确实存在，但不影响“底”来源于“者”的看法。

梅祖麟（1988）首先从语音演变的角度说明“之”字的白读音因失落介音而变成“底”，而“者”字不能变成“底”，然后从语法的角度说明来源于“之”的“底”字语末用法的两条途径：

（1）由于汉代［名＋数＋量］>［数＋量＋名］这个语序变化，先秦的［S＋VO者］就变成［VO者＋S］（如：定殷者将吏）。此后又产生了［V者O］、［N者N］这两种结构。在这三种结构中，“之”“者”可以互易。“之”变成“底”以后，“底”“者”继续在语中的位置互易。受了“者”字语末用法的沾染，“底”字也逐渐能用在语末。（2）从南北朝末年开始，出现了一种新兴的结构［动词组＋之者］。本文假设［之者>底者>底底>底］，结果使［动词组＋之者］变成［动词组＋底］③。

梅文认为，量词的词序演变促成了［［VP者］＋名］这种词序的名词性结构的产生，因为［数＋量＋名］结构和［［VP者］＋名］结构的内部语义结构关系相同，开始演变的时间也相同。那么［名＋数＋量］>［数＋量＋名］这种词序变化的原因又是什么呢？从管燮初（1953）可以看出，在甲骨文中，名词短语中的修饰语，除了数量词，其他的修饰语全都置于名词之前；管燮初（1981）还指出，到

① 按：王先生这里主要是针对章炳麟《新方言》而发的。但章文是在谈句末语气词“只”的时候说这番话的，原文为：“今人言底言的，凡有三义：在语中者，的即之字；在语末者，若有所指，如云冷的热的，的即者字（者音同都，与的双声）；若为词之必然，如云我一定要去的，的即只字。”那么章文的意思是不是说“的”有三个来源呢？我们认为章文的原意似乎只是说“的”在不同语法位置上的用法与古代汉语中的“之”“者”“只”相当，未必是指它们有来源上的关系。

② 王力1958：《汉语史稿》，第319页，中华书局1980年合订本。

③ 梅祖麟1988：《词尾“底”“的”的来源》，收入《梅祖麟语言学论文集》，第112页，商务印书馆，2000。

了西周金文,"修饰语修饰中心语,位于中心语之先,没有例外"(也不包括数量词)。可见,汉语自上古以来就一直是一种"修饰语+中心语"语序优先的语言。从何乐士(1992)也可看出,汉代的定语绝大多数也位于中心语之前①。于是就有人认为[名+数+量]>[数+量+名]这种词序变化产生的基本途径就是受到"修饰语+中心语"语序的巨大的类推影响②。如果是这样的话,那么与其说先秦的[S+VO者]变成[VO者+S]是受到[数+量+名]结构的影响而产生,不如说二者都是受到"修饰语+中心语"这一汉语固有语序的影响而产生的。另外,梅文所说的第二种途径仅是一个假设,缺乏历史文献的支持。

三、来源于"之""者"

现在持这种意见的学者不多。祝敏彻(1982)认为"底"既来源于"之",也来源于"者",但没有做出进一步的论证。何九盈(1995)在引用了卢以纬《语助》中的说法后指出:

> 这两条材料为"底"来源于"之""者"的说法提供了有力的证据。很明显,"底"在这里是假借字,"之"和"底"不仅声近韵近,而且按俗语"底"读平声的话,调亦相同了。王力先生说:"一向大家都认为'底'字是从'之'字来的,这是可以相信的。"章炳麟在《新方言》中主张"底"不唯源于"之",也源于"者"。王力先生认为"底"从"者"来的说法解释起来有"困难"。我认为这种演变是在"俗语"(方言)中实现的,当然就很难从《广韵》的读音来寻找演变的根据了。③

俞光中、[日]植田均(1999)比较了"底"来源于"之"、来源于

① 以上见管燮初1953:《殷墟甲骨刻辞的语法研究》,中国科学院出版;管燮初1981:《西周金文语法研究》,商务印书馆;何乐士1992:《〈史记〉语法特点研究》,程湘清主编《两汉汉语研究》,山东教育出版社。

② 详见张延俊2002:《也论汉语"数·量·名"形式的产生》,《古汉语研究》第2期。

③ 何九盈1995:《中国古代语言学史》,第283页,广东教育出版社。

"者"、既源于"之"又源于"者"这三种说法，认为第一种在语音演变上最易说通，但对于不带中心语的情况何以会形成没有很好的解释；第二种在语音上并非说不通，但对于有中心语的情况何以会产生，虽然可用先秦两汉"者"字侵入"之"的范围来解释，但对于大量助词"之"的突然销声匿迹缺少合理的解释。他们认为第三种说法比较合理，并提出了三个理由：(1)"之"与"者"都是上古汉语口语常见虚词，它们与近代汉语之间只因文字上改变而"失去联系"，不可能其中一个消失得没有一丝痕迹。(2)现代汉语"吃的肉"与"吃的"由于短语语义上的雷同以及"的"字书写上的相同，掩盖了两个"的"字语义及结构地位极大的差别，这种差别跟"食之肉""食者"间的差别在性质上是一致的。(3)字的音韵地位是必须考虑的，但还要充分考虑轻声虚化字的特殊合流分化问题；除了音韵论证外，语法研究中更多考虑的是结构框架的承接问题。"食之肉"与"食者"犹如"食底肉"与"食底"，两类截然不同的结构应该分别考察其间的联系。① 他们的这三个理由对于说明"食底肉"与"食底"的"底"来源不同还是很不充分的。

四、来源于指代词"底"

冯春田(1990、1991、1992、2000)都谈到了"者"字结构和"底"字结构的关系。他论证了唐宋的"者"近于"底"，"者"字结构在很大程度上与"底"字结构具有对应的关系。他从"者"与词语组合的结构类型的角度，把"者"字结构分为"A者""A者M"两大类型：

1. "A者"型。又分为四类。

第一类，A为名词(包括代词)。例如：

(12)麦地占他家，竹园皆我<u>者</u>。(寒山诗)

(13)季和将就食，谓三娘子曰："适会某自有烧饼，请撤去主人<u>者</u>，留待他宾。"即取自己<u>者</u>食之。(《幻异志》，1261页)

第二类，A为序数或数量词。例如：

① 俞光中、[日]植田均1999：《近代汉语语法研究》，第413页，学林出版社。

(14)第一<u>者</u>为隽永。(《茶经》,135页)

(15)尚书饭白而细,诸人饭黑而粗,呼驿长嗔之曰:"饭何为两种<u>者</u>?"(《朝野佥载》,111页)

第三类,A为形容词。例如:

(16)男女五六个,小弱未中使。衣服无人缝,小<u>者</u>肚露地。(王梵志诗,184页)

(17)纸必须坚薄白滑<u>者</u>,乃书之。(《朝野佥载》,67页)

第四类,A为动词。例如:

(18)隔冰见兵士尸,立<u>者</u>、坐<u>者</u>,莹彻可数。(《酉阳杂俎》,134页)

(19)诸花少六出<u>者</u>,唯栀子花六出。(同上,174页)

2. A者M型。即在"A者"之后出现名词。唐五代以前,A基本限于动词。例如:

(20)当时宝塔新修日,此会终无见<u>者</u>人。(《释圆鉴辞》,972页)

(21)公既去,而执拂者临轩指吏曰:"问去<u>者</u>处士第几?住何处?"(《虬髯客传》,214页)

A为形容词的极罕见。例如:

(22)其王崩后,太子二人,大者不恋云华(荣华),山间修道;小<u>者</u>太子丞(承)王宝位,主其天下。(《变文补编·悉达太子修道因缘》,98页)

与以上"者"字结构对应,唐宋时期的"底"字结构也有这些类型。例如:

(23)我说底是我<u>底</u>,终不干汝事。(《潭州沩山灵祐禅师语录》)

(24)篮里<u>底</u>是什么?(《祖堂集·南泉和尚》)

(25)忽遇不净<u>底</u>作摩生?(《祖堂集·仰山和尚》)

(26)这个是拣<u>底</u>,不拣<u>底</u>把将来。(《祖堂集·洞山和尚》)

(27)你去东边仔细看石头上坐<u>底</u>僧,若是昨来<u>底</u>后生,便唤他。(《祖堂集·石头和尚》)

(28)有一日,不安<u>底</u>上座唤同行云:"某甲欲得去,一时相共去。"(《祖堂集·洞山和尚》)

但是A底M还有极少数A为名词的，这是“者”字结构所没有的。例如：

(29)鉴汝来处，未有教外底眼。(《袁州仰山慧寂禅师语录》)

(30)师总是下底物总吃却。(《祖堂集·普化和尚》)

冯春田还多次强调，从大的类型上说，“A者M”是“A者”后出现名词而形成的，所以“A者M”的M不出现，在结构形式上可以成立。同样，“A底M”则是在“A底”之后出现名词形成的。二者与“之”字结构有本质的不同：“A之M”是在A和M之间插入“之”而来的，如果M不出现，则“A之”不能成立。这种认识应该说是符合实际的。

冯春田虽然认为“底”的前任是“者”，“底”字结构来源于“者”字结构，但是他又提出：

语法结构的源流关系并不意味着词(语法词)也就有着来源或音、形变化关系。在汉语的发展演变历史上，同一种语法结构形式用具有同样语法作用，但来源并不同的语法词，这是极为普遍的现象。因此，也就不能设想具有同一语法意义的语法词彼此之间都有本和变的关系。①

主要因为“者”到“底”的语音变化不好解释，所以冯文提出“底”取代“者”是词汇替代现象。受“个”在近代汉语里既用做指代词，又用做助词的启发，他推测助词“底”应该是来源于代词“底”。例如：

(31)怜底众生病，餐尝略不厌。(寒山诗)

(32)眼前须底物，左右任他铭。(元稹《神曲酒》)

冯文还提出，助词“底”源于指代词“底”字说的一大问题，还是演变或转化的问题，即：

“者”本来是以“X+者”形式存在的接续代词，而作为指示代词的“底”又是如何取得与“者”相同的语法位置而成为结构助词的

---

① 冯春田2000:《近代汉语语法研究》，第445页，山东教育出版社。

呢？这个问题还有待做出进一步说明。①

石毓智、李讷(1998、2001)对这一推测进行了进一步论证。他们指出，现代汉语中结构助词“的”与量词有语法共性，汉语历史上“名+数+量”格式向“数+量+名”格式的发展是“底”字结构产生的直接动因，因为它们的抽象语法格式都是“修饰语+中心语”，都经历了这样一种变化：修饰语+中心语→修饰语+语法标记+中心语。他们认为：

由于事物的数量表达在日常交际中占有极其重要的地位，所以当“数+量+名”占据优势时，就会产生巨大的类推力量。受这个力量的影响，语言要求一般修饰语和中心语之间也要有某种语法标记。然而这时从上古汉语沿用下来的“之”功能已经退化，而且它只能用于语流中间的限制也已经根深蒂固，无法满足来自量词的类推要求(比如，量词既可在语流中间又可在句尾)。这样就需要寻求新的形式来表示这一语法标记。结果，原为指代词的“底”，由于其语义和句法的相宜性，就应运而生虚化为结构助词。②

他们又指出，现代汉语的指示代词和结构助词有语法共性，汉语史上的结构助词“之”“底”“个”在发展出结构助词用法之前都曾是指示代词。“底”字语法化的句法环境是VP+(底+NP)。8世纪左右，受新数量结构类推力量的影响，指代词“底”语法化，短语的层次关系发生重新分析，“底”与前面的修饰语组成一个直接成分。

对于以上意见，江蓝生(1999)有很精辟的评价：

……其中对量词“个”充任结构助词的论证比较充分，也是可

① 冯春田 2000：《近代汉语语法研究》，第454页，山东教育出版社。按：以上详见冯春田 1990：《试论结构助词“底(的)”的一些问题》，《中国语文》第6期；冯春田 1991、2000：《近代汉语语法研究》，山东教育出版社；冯春田 1992：《唐五代某些语法现象浅析》，程湘清主编《隋唐五代汉语研究》，山东教育出版社。

② 石毓智、李讷 2001：《汉语语法化的历程——形态句法发展的动因和机制》，第316页，北京大学出版社。

信的。但是,量词跟指示代词、疑问代词是不同的语法概念,对于助词“个”源于量词“个”的说明并不能代替助词“底”源于指代词“底”这一观点的论证;尽管石、李二位论证了现代汉语(包括《红楼梦》)指示代词、疑问代词与结构助词在功能上有共性,但是并不是功能上有共性的成分就一定有来源关系,正如“底”与“者”功能相同,“底”却不一定来源于“者”一样,何况,现代汉语的情况不能代替唐宋时候的情况,要论证唐五代出现的助词“底”源于指示代词、疑问代词的“底”,还需要用历史文献资料作具体证明。其次,文献中“底”作指示代词的例句过于稀少,且多为宋代用例。……而与此相对,唐五代时助词“底”已频繁使用,从时间和使用频率上看,助词“底”也不大可能源自指示代词“底”。①

这里再补充一点,石、李(1998)在反驳梅祖麟的意见时指出:

根据李讷、石毓智(1996年)的考察,“名+数+量”向“数+量+名”的语序变化,是一个漫长的过程,虽然始于汉魏,直到唐代的变文中旧格式仍占优势,甚至到《朱子语类》时旧格式仍占一定的比例,新格式完全取代旧格式是元明之际的事。但是,结构助词“底”已常见于唐末五代的文献中。②

这一质疑也适用于石、李二人的文章。既然在唐代的变文中旧格式仍占优势,那么8世纪左右新格式又怎么能够对指示代词“底”发生类推影响呢?

五、来源于方位词“底”

这是江蓝生(1999)提出的观点。她根据对魏晋南北朝小说及东汉至唐代译经材料的考察,发现那个时期的口语中有用如结构助词的“所”和“许”,另外元代有用如领格助词的“根底”,而它们原来都是处所词。她指出,结构助词“底”也源于方位词“底”,这是

① 江蓝生1999:《处所词的领格用法与结构助词“底”的由来》,《中国语文》第2期。

② 石毓智、李讷1998:《汉语发展史上结构助词的兴替——论“的”的语法化历程》,《中国社会科学》第6期。

受“所/许”的类化影响,其语法化的语境是“名词+方位词+底”结构,方位词正处在结构助词“之”的位置,有可能产生重新分析,“底”变为结构助词。她举了一个例子:

(33)闲看枕屏风上,不如画底鸳鸯。(王武子《朝中措》)

“画底鸳鸯”既可理解为“画里鸳鸯”(“底”为方位词),也可歧解为“画的鸳鸯”(“画”为动词,“底”为助词),从这里可以看出方位词“底”转用为助词的可能性。

“底”产生初期的用例都是“N 底”,到了晚唐五代,“底”的功能迅速扩大,向该领域的其他成员如“之”“者”看齐,出现了“形+底(+名)”“动+底(+名)”“名+底+名”等格式,同时也不同程度地沾染上了另一个结构助词“地”的功能并最终取代了“者”。“底”替代“者”不是语音的演变,而是词汇的兴替,其本质是口语词在竞争中战胜了文言词。“底”的胜利,使得汉语的结构助词由源自古代汉语的指示代词(之、者)转而变为源自处所词(方位词是广义的处所词)。①

江文的上述观点为我们考察结构助词“底”的来源问题提供了一个新的角度,对“所/许”从方位词到结构助词的语法化的解释也是可信的。但是,“底”从方位词到结构助词的语法化,即“底”字结构是如何发生重新分析的,还缺乏足够的例证的支持,毕竟语法化需要一个过程,要有足够的时间跨度和较高的使用频率才能完成。

储泽祥(2002)通过对岳西话“N_1 底 N_2”格式的考察,发现岳西话的结构助词“底”是由方位词“底”转化而来的。岳西话“N_1 底 N_2”结构里,N_1 与 N_2 空间位置关系的泛化,是“底”发生转化的重要动因。岳西话“水底蛇”类、“商店底布”类说法都有歧义,前者 N_1 既可以是空间位置,也可以是空间属性,后者 N_1 既可以是空间位置,也可以是空间领属。这种歧义现象提供了重新分析的可能,促发了“底”由方位词向结构助词的转变。②

---

① 江蓝生 1999:《处所词的领格用法与结构助词“底”的由来》,《中国语文》第 2 期。

② 储泽祥 2002:《“底”由方位词向结构助词的转化》,《语言教学与研究》第 1 期。

储泽祥(2002)的论证为江蓝生的说法提供了现代汉语方言的支持,说明方位词"底"有变为结构助词的可能。但是,这种转变的语境,即发生重新分析的语境是"N_1 底 N_2"格式,而这种格式在汉语历史文献中并不多见,而且"N_1 底 N_2"是"底"字结构做定语的结构中出现最晚的格式,确切的用例到宋代才逐渐产生。因此,从汉语史的实际情况来看,方位词"底"在"N_1 底 N_2"格式中发生语法化的可能性不大。

六、本书对"底"字来源的几点认识

从现有资料来看,结构助词"底"最晚在晚唐已经出现,到五代时期有了很大的发展。其萌芽时期的用法在我们见到的书面资料中还很缺乏,因此缺少对"底"字来源有较强说服力的线索。

从"底"字较早的用例①来看,用于语中的有 8 例,用于语末的有 9 例。语末的位置是"之"不能出现的,而用于语中的 9 例中有 7 例是"(S) V 底 O"格式,也是"之"不能占据的位置。梅祖麟(1988)认为这种格式的"诸人修底行""昨夜见底光"等译成文言当作"诸人修之行""昨夜见之光",译成"诸人修者行""昨夜见者光"固然也行,但颇勉强,而且晚唐以前"(S) V 底 O"的用例不多。因此"之"字先变作"底"字,用在语中,然后蔓延到"者"字语末的位置②。而实际上,古汉语中不存在"(S) V 之 O",只能说"(S)所 V 之 O"或"(S)所 VO"③。那么有没有可能是"(S)所 V 之 O"在语言发展演变中失落了"所",变成"(S) V 之 O",然后再变成"(S) V 底 O"呢？似乎也缺乏证据。事实上,"(S)所 V 之 O"的使用频率一直低于"(S)所 VO",且数量相差较大。据我们调查,这两种

---

① 指《隋唐嘉话》《朝野佥载》和敦煌变文中的例子,详见本章第二节。

② 梅祖麟(1988):《词尾"底""的"的来源》,收入《梅祖麟语言学论文集》,商务印书馆,2000。

③ 先秦和汉代的文献中均未见"(S) V 之 O",我们只在[晋]王嘉《拾遗记》(卷七)中见到一例:"工人争以鸟吐之金用饰钗珮,谓之'辟寒金'。"

格式从先秦到唐代的使用情况如下表①：

格式＼文献	孟子	左传	史记	论衡	世说	百喻经	入唐求法
所V之O	3	0	12	49	0	3	7
所VO	4	13	237	73	13	14	43

从上表可以看出，"所V之O"从先秦开始使用频率就大大低于"所VO"，经过两汉、魏晋南北朝到唐代，其中的"之"在口语中的使用都不普遍，较强的书面语色彩使它在"所V"作为同位性定语修饰名词的位置上的用法也一直处于劣势，相反，"所VO"是同位性偏正结构的主要格式。较低的使用频率使"所V之O"不太可能演变为"V底O"。袁毓林(1997)对近代汉语同位性定语的形成提出了如下说法：

"所VP＋NP"这种结构生不逢时，赶上了"所"的功能衰退，"者"的功能扩张的浪潮，还没得到充分的发展就消亡了。为了补偿"所VP"作前置的同位性定语的功能，"VP者"从中心语之后转移到中心语之前，长出了作前置的同位性定语的功能，这种变迁同时也是为了适应汉语修饰语普遍前置的结构类聚的要求。对这种演变的细节，我们了解得不多。但可以确信，最迟在晚唐，"VP底NP"已经取代了"VP者＋NP"，成为一种能产性强，并有很大同化作用的语法结构。简而言之，近代汉语同位性定语的形成，经历了名词化方式的更迭和句法位置的转移两种变迁。

从先秦到唐代的文献来看，"所VP＋NP"这种同位性定语形式一直在使用。虽然"所"的功能随着时间的发展确实有所衰退，"者"的功能也确实在扩张，但这种形式一直没有消亡，而"VP者NP"的同位语形式在文献中却很难见到，上文提到的各位研究者所举的例子都不是同位语形式的主流，可以说是比较特殊的用法。如果把VP和中心语NP语义关系考虑在内，在晚唐的敦煌变文中，

① "世说"即《世说新语》，"入唐求法"即《入唐求法巡礼行记》。

我们见到的“VP 底 NP”都是“VP 底 O”(详见本章第二节),而这之前的“VP 者 O”从数量上看更少。不过要否定“VP 底 NP”和“VP 者 + NP”之间的替代关系似乎也缺乏足够的证据,近代汉语同位性定语的形成过程的细节还需要进一步考察。

再看“者”的用法的发展。主要表现在:

(一)在先秦,“者”和“所”都是谓词性成分指称化的标志,“VP 者”主要转指动作的施事,少量指受事,不指与事、工具、处所;“所 VP”则主要转指动作的受事,还可以转指与事、工具、处所、凭借、方式方法等①。从句法功能的角度看,二者都能提取句法成分,“者”是提取主语的,“所”是提取宾语的。从晋代开始,“者”转指受事的用法大量出现②。如:

(34)霍将军妻一产二子,疑所为兄弟。或曰:“前生者为兄,后生者为弟。今虽俱日,亦宜以先生为兄。”([汉]刘歆撰,[晋]葛洪集《西京杂记·第三》)

(35)山泽之人云:“见二白虎,各无一目,相随而行,毛色相似,异于常见者。”([晋]王嘉《拾遗记·卷四》)

(36)后鬼恒在家,家需用者,鬼与之。([南朝宋]刘义庆《幽明录·卷四》)

(37)宣王告皇甫曰:“祝也为我谋而杀人,吾杀者又皆为人而见诉,奈何?”([北齐]颜之推《冤魂志》)

(38)经教律仪,取则印度,其习读者,即本文矣。([唐]玄奘《大唐西域记·卷一》)

(39)入门,见大众方食,父母惊喜就问,具说由缘,视其巾内余糜及鞋,乃向奉僧者也。([唐]唐临《冥报记》卷上)

---

① 参见朱德熙(1983):《自指和转指——汉语名词化标记“的、者、所、之”的语法功能和语义功能》,《方言》第 1 期;宋绍年(1998):《古代汉语谓词性成分的指称化与名词化》,《古汉语语法论集》,语文出版社;马汉麟(1962):《古代汉语“所”字的指代作用和“所”字词组的分析》,《中国语文》10 月号。

② 晋代之后出现的转指受事的“VP 者”和先秦的有所不同。先秦的这种“VP 者”中的 VP 多是“V 于 N 者”的被动结构或有“可”等助动词,而晋代之后的这种 VP 则没有这种限制。

(40)敖亦下马，不见有人，遂壁上观画，见绿袍女子，乃途中睹者也。（[唐]戴孚《广异记》）

(41)凡欲出戏，所司先进曲名，上以墨点者即舞，不点者即否，谓之“进点”。（[唐]崔令钦《教坊记》）

(42)遇疾贫窘，走使者本村野人，雇已一年矣。疾中思甘豆汤，令其市甘草，雇者久而不去，但具火汤水。（[唐]段成式《酉阳杂俎·卷二》）

(43)又问弼曰：“渔人赵干藏巨鲤，以小者应命，汝于苇间得藏者携之而来。”（[唐]李复言《续玄怪录》）

(44)既剖腹，得金错刀子，宛是误送朝中者。（[唐]谷神子《博异志》）

(45)旷曰：“或闻龙畏铁，有之乎？”女曰：“龙之神化，虽铁石金玉，尽可透达，何独畏铁乎？畏者，蛟螭辈也。”（[唐]裴铏《传奇》）

(46)上初即位，元赞恩泽倾内臣，曾赐宝带，内库第一者，元赞辄以遗植。一日，便殿对，上睹植带，认是赐元赞者，诘之，植色变，不敢隐。（[唐]裴庭裕《东观奏记·卷上》）

(47)子慎，告其舅以获五品，其母见其著绯衫，覆床涕泣曰：“此是汝舅血染者也！”（[唐]刘肃《大唐新语》）

(48)能问童子：“适来诵者，是何言偈？”（[唐]慧能《六祖坛经》）

还可以转指与事。如：

(49)诚使而呼将军者，真神明也，神固无猪蹄，天启使淫妖之兽乎？（[唐]牛僧孺《玄怪录》）

还可以转指工具。如：

(50)是夜，有白衣叟，持转关榼诣寺家人傅经曰：“知金刚仙好酒，此榼一边美酝，一边毒醪，其榼即晋帝曾用鸩牛将军者也。”（[唐]裴铏《传奇》）

以上例子说明，“者”字的转指用法在晋代以后逐渐侵入“所”的范围，和“底(的)”的用法逐渐接近了。

（二）“者”字结构用法的扩张还表现在“者”的组合功能的扩张。一般认为，魏晋以前“者”只与动词、形容词组合，晋代以后“名词性成分＋者”才渐渐出现①。如：

（51）树下有石骐驎二枚，刊其胁为文字，是秦始皇骊山墓上物也，头高一丈三尺，东边者前左脚折，折处有赤如血。（[汉]刘歆撰，[晋]葛洪集《西京杂记·第三》）

（52）有菜名曰“芸薇”，类有三种，紫色者最繁，味辛，其根烂熳，春夏叶密，秋蕊冬馥，其实若珠，五色，随时而盛，一名“芸芝”。（[晋]王嘉《拾遗记·卷九》）

（53）西有舄玉山，其石五色而轻，或似履舄之状，光泽可爱，有类人工。其黑色者为胜，众仙所用焉。（同上，卷十）

（54）寮友问其故，云：“常有妇人来，美丽非凡间者。”（[南朝宋]刘义庆《幽明录·卷四》）

（55）是日，果有一妇人从东乘驴来，渐近识之，乃是震母，亡十一年矣，葬于南山，其衣服尚是葬时者。（[唐]李复言《续玄怪录》）

（56）其大小价数，一如清化者。（指清化里的房子。[唐]薛用弱《博异志》）

（57）大设珍馔，多集异果，甘美鲜香非人间者。（[唐]戴孚《广异记》）

（58）家人如言，于沟中得其尸，失头所在，又闻语云：“头北行百余步，桑树根下者也。”（同上）

（59）有苏监察者，巡覆两街诸寺，见银佛一尺以下者多袖之而归，谓之苏杠佛。（[唐]李绰《尚书故实》）

（60）开成初，余从叔听之镇河中，自洛招致饧者，居于蒲，蒲土因有是饧。其法宁闻传得，唯博军人窃得法之十八九，故今奉天亦出轻饧，然而劣于蒲者，不尽其妙焉。（[唐]李匡乂《资暇集·卷

① 先秦“者”也可用于名词性成分之后，但只能表示自指，如：“三子者出，曾皙后。”而表示转指的“NP 者”是晋代以后才出现的，与先秦的名词性成分之后的“者”性质有根本区别。

下》)

(61)或谓紫叶者为香茶,或谓青叶者为青茶,亦以紫色者为紫蓼,青色者为青蓼,其长大而不苦者为马蓼。([唐]苏鹗《苏氏演义·卷下》)

(62)其第一者为隽永,或留熟以贮之,以备育华救沸之用。([唐]陆羽《茶经·五之煮》)

(63)大司徒杜公在维扬也,尝召宾幕闲语:"我致政之后,必买一小驷八九千者,饱食讫而跨之,著一粗布襕衫,入市看盘铃傀儡足矣。"([唐]韦绚《刘宾客嘉话录》)

(64)宁王乃顾千贯者曰:"此马缓急百返,蹄下不起纤埃。"复顾五百缗者曰:"此马往来十过,足下颇生尘埃。以此等衰其价之高下焉。"([唐]戴孚《集异记》)

(65)太宗骇而问之,伏伽曰:"只为官木橦贵,所以百姓者贱。"([唐]刘肃《大唐新语》)

(66)季和将发,就食,谓三娘子曰:"适会某自有烧饼,请撤去主人者,留待他宾。"即取己者食之。([唐]薛渔思《河东记》)

(67)铁贯之具,率以木者,神功异绩,不可殚记,咸此类也。([唐]高彦休《唐阙史》)

(68)麦地占他家,竹园皆我者。(寒山诗)

(69)亦如冉闵杀胡,高鼻者横死;董卓诛阉人,无须者枉戮。([唐]张鷟《朝野佥载》)

敦煌变文中的"名+底"有3例,其中的名词都是方位词;《祖堂集》此结构中的名词几乎有一半是方位词或方位结构,此外还有代词、普通名词和数量词①。从以上例子可以看出,唐代之前的"名+者"中的名词既有方位词,也有代词、普通名词和数量词。这种组合关系中的"底"替代了"者"。

(三)"X者"一般位于语末,后来出现语中用法。

1. X为VP的。这又分两种情况。

① 详见本章第二、三节。

A. "V(O)者S"式。如①:

(70)项王怒,将诛定殷者将吏。(《史记·陈涉世家》)

(71)于是平原君乃斩笑躄者美人头。(《史记·平原君虞卿列传》)

(72)因厚币用事者臣靳尚。(《史记·屈原贾生列传》)

(73)何太子之遣往而不返者竖子也。(《史记·刺客列传》)

(74)地善,则居地上者人民好善,此其相使明效也。(《太平经》卷40—53)

(75)公既去,而执拂者临轩指吏曰:"问去者处士第几?住何处?"(《虬髯客传》)

(76)奉敕,辄到者官人解现任,凡人决一顿乃至。([唐]张鷟《朝野佥载》)

(77)若不求一祠,则后人笑浮生子不及前代死者妇人女子也。(《潇湘录》)

(78)其大王见佛化为一千体相,宜(疑)悟问言大臣曰:"那个是前来者一躯佛,交朕如何认得?"……又云:"五百生前耶输陀罗合知先来者佛。"……其臣又奏请:"罗睺之子合知先来者佛。"(变文补编《悉达太子修道因缘》)

(79)来者三宝,即是我儿,为我人间取饭,汝等令人息心。(《大目干连冥间救母变文》)

(80)因请收葬睢阳将士骸骨,又采从来论巡守死立节不当异议者五人之辞,著于篇。([唐]李肇《唐国史补》)

(81)(蒋)恒总追集男女三百余人,就中唤与老婆语者一人出,余并放散②。([唐]张鷟《朝野佥载》)

这里是把"VP者"分析为同位性定语,实际上一些例子中的"VP者"与后面的名词分析为同位语也未尝不可,如例72"因厚币

---

① 例1—例9采自吕叔湘(1943)、俞理明(2001)、江蓝生(1999)、冯春田(2000)。

② 此例上文:"婆出,当有一人与婆语者,即记取姓名,勿令漏洩。"与例80相比,"VP者"一为后置定语,一为前置同位性定语,确实有袁毓林(1997)所说的从中心语之后前移到中心语之前的可能。

用事者/臣靳尚”，而例76“辄到者/官人解现任，凡人决一顿乃至”也可看做主谓谓语句中大主语和小主语的关系。但是确实一些例子只能看做是“VP者”做同位性定语，说明“者”从汉代到唐代的确已经发展出了用于语中的用法。

B.“V者O”式。如：

(82)十二月生者豚，一宿蒸之。(《齐民要术·养猪》)

(83)时净饭王为王太子，造三时殿……拟冬坐者殿一向暖，拟夏坐者殿一向凉，拟于春秋二时坐者，其殿调适，温和处平，不寒不热。(《佛本行集经》)

(84)左右齐曰:“启将军，西边是虏来者贱奴念经声。”(《庐山远公话》)

(85)你前时要者玉，自家甚是用心，只为难得似你尺寸底。(《云麓漫钞·卷十五》)

(86)李德裕作相日，人有献书帖。德裕得之，执玩颇爱其书。卢弘宣时为度支郎中，有善书名。召至，出所获者书帖令观之。([唐]张怀瓘《书断》)

晚唐五代文献敦煌变文、《祖唐集》中出现的“V底O”直接继承了这种格式。

2. X为NP。吕叔湘(1943)举出几个例子：

(87)闻弦者音烈而高飞。① (《战国策》)

(88)农家者流。(《汉书·艺文志》)

(89)射手叛者斩，亡身及家长者家口没奚官。(《南齐书·张融传》)

这种例子在文献中比较罕见，严格地说也没有很精确的例子。“NP底NP”格式也是“底”字结构做定语的结构中出现最晚的，很多研究者认为直到宋代才有确切的例子。

以上“VP者”位于语中的用法是文言中的“之”所不具备的，因

① 此例出自《战国策·楚策四》，有版本问题。现通行本为:“闻弦音，引而高飞。”例89也有标点问题，详见第25页注解②。

为"之"不具备提取句法成分的功能,"之"连接的 VP 和中心语之间没有潜在的及物性关系。同位性定语结构"VP + 的(底) + NP"正是继承了以上"VP 者 + NP"结构,因此当"底(的)"已经产生之后,在某些文献中我们还可以看到同位性定语结构用"者"的例子。如①:

(90)又将国主自食者饮食分赐。(《燕云奉使录》)

(91)玄宗最宠爱者一个贵妃叫杨太真。(《警世通言》)

人们用"者"去替换口语中的"底",说明在人们的心目中,这种结构中的"底"是和文言中的"者"相对应的,与"之"没有关系。

3. X 为 A。冯春田(2000)认为下例是目前仅见的例子:

(92)其王崩后,太子二人,大者不恋云花(荣华),山间修道;小者太子(丞)承王宝位,主其天下。(《悉达太子修道因缘》)

综上所述,从语义和语法分布来看,先秦的"之""者""所"三分天下的格局到魏晋南北朝时期发生了很大的转变,"者"侵入了"所"的功能领域,除了转指施事外,还可以自由地转指受事。而转指受事的"VP 者"最终具备用于语中的用法,是受了"所 VO"的影响。在"所 VO"这种从先秦到唐代一直广泛使用的同位性偏正结构中,转指受事的名词化形式"所 V"做前置的同位性定语。而同样转指受事的名词化形式"VP 者"在其影响下后面又可以加上中心语 O,从而具备了用于语中的用法。但是"VP 者 O"中的"者"与用于定语和中心语之间的"之"的性质不同:"者"是后附性的,"VP 者"是同位性定语,而"之"一方面不具备用于"VP 底 O"结构的功能,另一方面,"之"的性质是插入性的,"VP 之"不能单说②。因此,用于语中的"者"实际上是先出现在同位性定语中,这与"底"的情况一致。敦煌变文中的"动 + 底 + 名"全部是"V 底 O",《祖堂集》中才开始出现非同位性的定语。也就是说,"者"虽然有了语中用法,但始终没有发展出用于非同位性定语和中心语之间的功能,

---

① 例 1、例 2 转引自袁毓林 1997:《"者"的语法功能及其历史演变,《庆祝中国社科院语言所建所 45 周年学术论文集》,商务印书馆。

② "V(O)者 S"中的"者"与"VP 者 O"性质相同,也是后附性的。

这种功能是在“底”产生以后实现的。这说明，“底”和“者”“之”均有关系，“底”开始时继承了功能扩张以后的“者”的主要用法，后来又侵入了“之”用于非同位性定语和中心语之间的领域，从而实现了结构助词“的”的六种组合功能。

第二节　敦煌变文中的结构助词“底”

一、敦煌变文之前唐代的“底”

就现有的文献来看，结构助词“底”最早出现于唐代。现在大家普遍引用的有两个例子：

(1)崔湜之为中书令，河东公张嘉贞为舍人，湜轻之，常呼为“张底”。后曾商量数事，意皆出人右，湜惊美久之，谓同官曰：“知无？张底乃我辈一般人，此终是其坐处。”([唐]刘餗《隋唐嘉话·卷下》)

(2)周静乐县主，河内王懿宗妹，短丑；武氏最长，时号“大歌”。县主与则天并马行，命元一咏，曰：“马带桃花锦，裙拖绿草罗。定知纱(帏)帽底，仪容似大歌。”([唐]张鷟《朝野佥载》)

一般认为，“张底”即姓张的，“帏帽底”即戴帏帽的。江蓝生(1999)认为虽然按现代的观点前面似省略了动词，但也许在当时是正常的表达方式。同样的情况在《祖堂集》中也有。如：

(3)大业底人为什麾阎罗天子觅不得？(2.121)

“大业底人”实指“作大业底人”。①

冯春田(2000)发现在宋代也有“张底”这类的例子。如：

(4)若一面讲和，又令人来掩不备，如此终恐误事。只恐你江

① 江蓝生1999:《处所词的领格用法与结构助词“底”的由来》,《中国语文》第2期。

南终被将臣误事,如前回大兵到汴京,姚平仲劫寨事可见。本朝事体,秦桧与张底一一知得,若未信,可问他们。(《绍兴甲寅通和录》)

(5)徽宗时郭药师,其人甚狡狯,靖康之难,正原于此。如李宗嗣,此人只是会说,却不似那郭底有谋,那个甚乖。(《朱子语类》)①

目前唐代仅见的两个例子从形式上来看都是"名+底"式,但是我们发现的"底"的用例还太少,很难反映唐代"底"字用法的全貌。因此,正如曹广顺(1995:126)指出的,敦煌变文之前的唐代结构助词"底"使用的准确情况,还有待于进一步搜集新的材料来证明。

二、晚唐敦煌变文中的"底"

敦煌变文中"底"有15例,用于以下格式中:②

1. 名+底

(6)弟一且道上头底,第二更道东头底,第三更道西头底。(《不知名变文》)

2. 动+底

(7)善德,善德!莫将浮贿施为,非是菩萨行藏,此是俗门作底。(《维摩诘经讲经文·六》)

(8)遂揽典尺,抛在一边,渐近前来,怒声责曰:善庆,汝岂不闻道:"斗不着底,死亦难当。"(《庐山远公话》)

(9)其医人忽尔抬头,见此中官,更言曰:阿娍道底是那。(《维摩诘经讲经文·三》)③

---

① 冯春田2000:《近代汉语语法研究》第424页,山东教育出版社。

② 《李陵变文》:"大将军!后底火来,如何勉(免)死?""急手出火,烧却前头草,后底火来他自定。前头火着,后底火灭。""前头草尽不相连,后底火来他自定。""前头""后底"对举,"底"是方位词,不是结构助词,这里不记在内。

③ 黄征、张涌泉认为"娍"应是"姨"字俗误,"道底"即"道的","底"同"的",为结构助词,"阿姨道底是那"即阿姨说的是啊。详见黄征、张涌泉1997:《敦煌变文校注》,第847页,中华书局。

3. 形 + 底 + 名

(10)尚(上)来劝化总须听,各各自家须使意。到家各自省差殊,相劝直论好底事。(《无常经讲经文》)

4. 动 + 底 + 名

(11)惟愿世尊愍四众,解说昨夜见底光。(《频婆娑罗王后宫彩女功德意供养塔生天因缘变》)

(12)惟原如来慈念力,为说前生修底因。(《金刚丑女因缘》)

(13)汝等昨夜见底光,非是释梵四天王。乃是王宫功德意,为先舍命扫佛堂。(《频婆娑罗王后宫彩女功德意供养塔生天因缘变》)

(14)佛把诸人修底行,校量多少唱看看。(《妙法莲华经讲经文·三》)

(15)已满今生发底愿,并无魔难及诸灾。(《维摩诘经讲经文·六》)

(16)闲闲夏泰礼贫道,欲说当本修低因。(《目连变文》)①

(17)我等摆头嫌底事,他家心愿不忙惊。(《妙法莲华经讲经文·二》)

(18)酬报因中行底行,故教作用满三千。(《妙法莲华经讲经文·四》)

敦煌变文里"名 + 底"3 例,其中的名词都是方位词;"动词/动词短语 + 底"3 例;"形 + 底 + 名"1 例;"动 + 底 + 名"8 例,从动词与中心语名词的语义关系来看,名词都是动词的受事,可表示为"V 底 O"。从分布形式上看,敦煌变文中还没有出现"名 + 底 + 名"和"形 + 底"格式,也没有"V 底 S"(S 表示动作的施事)。而"动 + 底"格式从语义上看,都是转指动作的受事。从句法功能来看,"底"与前面的名词、动词、形容词构成"底"字结构,在句中充当主语、宾语(包括动词宾语和介词宾语)和定语。从敦煌变文的情况来看,"底"的用法都是在变文之前"者"已经具备的用法,而用例最

① "低"就是结构助词"底"。详见蒋礼鸿 1997:《敦煌变文字义通释》(增补定本)第 537 页,上海古籍出版社。

多的"V 底 O"格式则是文言中的"之"所不具备的。因此,这一时期的情况说明,在"底"产生之初,"底"和"者"的关系比"底"与"之"更为密切。

第三节 《祖堂集》中的结构助词"底"

到了五代时期,结构助词"底"的使用数量渐渐多了起来。《祖堂集》中的"底"共 230 例,用于以下格式中:

1. 名 + 底

(1) 师带刀行次,道吾问:"背后底是什摩?"(卷四・药山和尚)

(2) 师云:"我不敢瞎却汝底。"(卷十三・招庆和尚)

(3) 国师云:"这个是马师底,仁者作摩生?"(卷十五・西堂和尚)

(4) 保福闻举云:"更有一般底,锥又锥不动,召又召不应,此人作摩生委得虚之与实?"(卷十六・黄檗和尚)

2. 名 + 底 + 名

(5) 有人问:"大业底人,为什摩阎罗天子觅不得?"(卷八・云居和尚)

(6) 师向大王云:"世俗中亦有志人底苗稼,佛法中亦有志人底苗稼。"(卷十・长庆和尚)

3. 形 + 底

(7) 师曰:"将虚底来。"(卷三・慧忠和尚)

(8) 师每上堂云:"近日禅师太多生,觅一个痴钝底不可得。"(卷十六・南泉和尚)

(9) 问:"如何是皮?"师云:"分明个底。"(卷十・镜清和尚)

(10) 全表持此因缘来举似师,师欢喜便上堂,告众曰:"南风吹来饱齁齁底,任你横来竖来,十字纵横,也不怕你。"(卷十九・径山

和尚）

4. 形＋底＋名

(11) 有一日，不安底上座唤同行云："某甲欲得去，一时相共去。"（卷六·洞山和尚）

(12) 师云："达底人尚自如此，岂况是你诸人。"（卷十·玄沙和尚）

(13) 洞山问："阇梨名什摩？"对云："玄机。""作摩生是玄底机？"又无对。（卷八·龙牙和尚）

5. 动＋底

(14) 师有时谓众曰："有个人家儿子，问著无有道不得底。"（卷五·云岩和尚）

(15) 师曰："乞眼精底是眼不？"（卷五·云岩和尚）

(16) 洞山沉吟底，师云："此著一子，莽卤吞不过，千生万劫休。"（卷五·云岩和尚）

(17) 师曰："默底是？说底是？"（卷五·云岩和尚）

6. 动＋底＋名

(18) 进曰："除得一翳底人还称得向上人也无？"（卷二·惠能和尚）

(19) 洞山云："把将德山落底头来！"（卷五·德山和尚）

(20) 是你三家村里男女，牛背上将养底儿子，作摩生投这个宗门？（卷三·慧忠国师）

(21) 对云："设有，亦无展底功夫。"（卷八·本仁和尚）

(22) 困山云："上座行脚底事作摩生？"（卷八·云居和尚）

7. 副＋底＋动/形

(23) 其僧去涅槃堂里，两人对坐，说话一切后，当胸合掌，峭底便去。（卷六·洞山和尚）

(24) 有一日，心造坐不得，却院外绕茶园三匝了，树下坐，忽底睡著。（卷十·长庆和尚）

(25) 三度来和尚身边侍立，第三度来，和尚蓦底失声便唾。（卷十四·百丈和尚）

(26)长庆举此因缘云:"他家面壁坐,有个摸索处。忽然堂堂底坐,你向什摩处摸索?"(卷十四·鲁祖和尚)

(27)裴相公有一日微微底不安,非久之间便死。(卷十六·黄檗和尚)

8.象声词+底+动

(28)直到潭州,过大溪次,师伯先过,洞山离这岸,未到彼岸时,临水睹影,大省前事,颜色变异,呵呵底笑。(卷五·云岩和尚)

9.动+底+动

(29)师恰在宅里,不抛相公头边底坐看相公。(卷十六·黄檗和尚)

10.代+底+动

(30)师云:"这般底论劫不奈何。"(卷十二·中塔和尚)

以上第1、2、4、6类格式中的"底"都是用于体词性结构,相当于现代汉语的"$的_3$"(第4类中没有出现状态形容词做定语的情况);第3类中的"底"相当于现代汉语的"$的_3$"的有9例,相当于形容词性语法单位的后附成分"$的_2$"的有13例(如例10);第5类中的"底"有3例是动词词尾(如例16),1例是介宾短语+底(这个是为大家底)。第7—10类中的"底"则用于谓词性结构,相当于现代汉语的副词性语法单位的后附成分"$的_1$"。这里只讨论前6类格式中用于体词性结构的"底"。从数量上来看,属于我们讨论范围的"底"一共有203例。

我们从分布和成分之间的语义关系两方面对《祖堂集》中用于前6类格式中的"底"进行了统计,并与敦煌变文进行了比较,结果如下表:

文献 / 分布	敦煌变文	祖堂集
N+底	3	17
N+底+N	0	5
A+底	0	9

A + 底 + N		1		6	
VP + 底		3		40	
VP + 底 + N	VP 底 O	8	8	27	126
	VP 底 S	0		89	
	底表自指	0		10	
总计		14		203	

具体分析上面的统计结果，我们发现《祖堂集》中的“底”字结构有以下特点：

第一，从“底”字出现的结构格式来看，现代汉语中“的”能够出现的6种格式都已经出现了，其中最多的是“VP + 底 + N”，其次是“VP + 底”，接下来依次是“N + 底”“A + 底”“A + 底 + N”“N + 底 + N”。与敦煌变文相比，最大的变化就是“N + 底 + N”“A + 底”两种格式的从无到有。那么这种变化到底是由于方言的差异还是由于时代的不同造成的呢？现在还很难回答。“A + 底”格式中“底”的位置是文言中“者”所占据的位置，“底”继承“者”的这一功能是很自然的。如本章第一节考察的结果，“N + 底 + N”中“底”的位置是“者”很少出现的，这是“底”产生后侵入文言中“之”的功能的结果。

第二，敦煌变文“N + 底”格式的3例N全是方位词，《祖堂集》方位词或方位结构几乎占一半，有8例，此外还有5例是代词，2例是普通名词，2例是数量词。从其句法功能来看，“N + 底”在句中主要做主语(6例)、宾语(6例)和兼语句中的谓语(1例)，还有的单独成句(4例)。

现代汉语名词做定语的偏正结构中，定语和中心语的语义关系多种多样，历来对这种语义关系的划分也有不同看法。有的采取两分法，分为区别性的和非区别性/描写性的(范继淹1979)，或分为领属关系和属性关系(袁毓林1995)；有的采取多分法，分为表领属、表属性、表材料、表比喻、表同一、表相关、表成数、表施事、表受事、表举例(黄国营1982)。对于领属关系的内部小类也有不同划分方法：范继淹(1979)分为可以转让的和不可以转让的两种；黄国营(1982)分为固有关系和非固有关系两种；文贞惠(1999)分为领属关系(她把我们所说的领属关系称为"领有范畴")、处属关系、时属关系、从属关系、隶属关系、含属关系、分属关系，每种关系内部如有必要则再分出若干小类；陆俭明(2002)则分为以下几种①：称谓领属、占有领属、器官领属、构件领属、材料领属、属性领属、特征领属、观念领属、成员领属、变形领属、成果领属、产品领属、状况领属、创伤领属、事业领属、景观领属、处所领属。

"N_1 + 的"能否代替中心语 N_2，这跟 N_1 和 N_2 的语义关系有关。我们认为，把"N_1 + 的 + N_2"中 N_1 和 N_2 的语义关系的类型看做是有层次的而不是处于同一个平面上的系统，有助于描写和解释"N_1 + 的"代替中心语 N_2 的语义规则。在这里，我们把 N_1 和 N_2 的语义关系的类型首先分为领属关系和属性关系两大类，下面还可以再分小类。领属关系是指 N_1 与 N_2 是领有和被领有的关系，这种领有关系可以是固有的、永久的，也可以是非固有的、暂时的。修饰语和省略的中心语之间实际上是一种限制性的关系，使中心语所代表的事物的外延缩小。N_1 和 N_2 之间可以看做是隐含了谓词"有"或具有[+ 拥有]、[+ 存在]、[+ 获取]等义素的谓词。属性关系是指名词性修饰语和中心语之间是描写和说明的关系，名词性修饰语表示中心语的某种属性，从而揭示或丰富中心语的内涵。

领属关系内部又分为可以让渡的和不可让渡的两类。至于下面的小类，不但有语义上的区别，也有历时的出现顺序的不同，我们将在各个历史阶段的考察中进行分类描写。

《祖堂集》中的"N + 底"与其代替的中心名词的语义关系大都是领属关系，只有 2 例是属性关系。具体情况如下：

1. 领属关系

一种是可以让渡的领属关系。其中有占有领属、处所领属(处

① 包括带"的"和不带"的"两种情况。

所—本体关系）两类。如：

(31)国师云："这个是马师底，仁者作摩生？"（卷十五·西堂和尚）

(32)盛篮次，师问："篮里底是什摩？"（卷十六·南泉和尚）

另一种是不可让渡的领属关系。即器官领属。这一点与现代汉语不同。现代汉语中，如果"N_1 的 N_2"偏正结构中 N_1 与 N_2 是不可让渡的领属关系，中心语一般不能省略，但在具体句子中有距离较近的先行词出现，表示对比的除外。如：瑞宣的手碰着了她的，冰凉！（《四世同堂》）实际上《祖堂集》中也有这种情况。如：

(33)师因看经次，洞山云："就师乞眼精。"师曰："汝底与阿谁去也？"（卷五·云岩和尚）

而《祖堂集》中也有没有先行词的例子。如：

(34)问："诸佛出世，普润含生。未审招庆出世如何？"师云："我不敢瞎却汝底。"（卷十三·招庆和尚）

我们认为，这可能与能做动词"瞎"的宾语的词较为单一（一般只能是"眼睛"）有关，因而尽管"汝底"没有出现中心词，但人们比较容易通过动词"瞎"联想出来。尽管如此，这种说法在现代汉语里也是没有的。

2. 属性关系

一种是分数关系。如：

(35)从此后，其僧修福作利益，日夜不停，直到手指三分只有一分底。（卷十六·南泉和尚）

另一种是特性关系。这里的特性是指事物内在的性质特征。如：

(36)若是利根底相投，不烦瞬视。（卷十三·报慈和尚）

从敦煌变文到《祖堂集》，"N＋底"格式中 N 的范围扩大了，不再限于方位词。名词定语和省略的中心语之间的语义关系也从领属关系扩大到属性关系，但数量还是很少。

第三，敦煌变文中没有"N_1＋底＋N_2"，《祖堂集》中有如下一例：

(37)有人问："大业底人，为什摩阎罗天子觅不得？"（卷八·

云居和尚）

曹广顺（1995）认为“大业底人”即“作大业底人”，与“帏帽底”情况相同，是省略了动词造成的，而不是“N＋底”做定语；冯春田（2000）则提出“大业”似乎是形容词性质。

我们认为，不妨把“大业底人”看做“N_1＋底＋N_2”，这里的N_1与N_2不是领属关系，而是属性关系。上古汉语的偏正结构“N_1＋之＋N_2”中，N_1与N_2多为领属关系，王力（1989）就指出：“名词用作定语时，‘之’字表示隶属关系。”属性关系的N_1与N_2之间多不加“之”（其中数量关系的除外）。而表示转指的“N＋者”也是魏晋南北朝时期才开始出现，在唐代笔记小说中大量使用。“N＋者”与所指的名词之间可以是领属关系，也可以是属性关系。如：

（38）码碯，石类也，南方<u>者</u>为之胜。（［晋］王嘉《拾遗记·卷一》）

（39）禄山曰：“某贱人也，不幸两足皆有，比将军者<u>黑</u>而加文，竟不知是何祥也。”（［唐］郑綮《开天传信记》）

（40）灶无用突者，釜用唇口<u>者</u>。（［唐］陆羽《茶经》）

（41）汝可视其形状，非青面耐重鬼，即赤面<u>者</u>也。（［唐］牛僧孺《玄怪录》）

其中例（38）（39）是领属关系，例（40）（41）是属性关系。我们不会认为“唇口者”“赤面者”是省略了动词“有”“长（着）”等，所以也不必把“大业底人”看做是省略了动词。表属性关系的“N_1＋底＋N_2”可能就是从表属性关系的“N＋者”发展而来的。实际上，佛典中就有“大业者”的说法①。如：

（42）真可谓<u>大业者</u>之通涂，毕佛乘者之要轨也。（［梁］释僧祐《出三藏记集·卷8》）

（43）彼<u>大业者</u>本作何业？生夜摩天，为夜摩王。（［元魏］瞿昙般若流支《正法念处经·卷47》）

据我们统计，《祖堂集》中共有4例“N_1＋底＋N_2”，除了本节

---

① 这里的“大业者”和《祖堂集》中的“大业者”可能有所不同，但在表示属性关系这一点上应该是相同的。

例(5)(6)外,剩下的两例同例(6)一样,都是"志人底苗稼"。

第四,《祖堂集》中出现了敦煌变文中没有的"A+底"格式,其中性质形容词9例,状态形容词13例,大部分是AA、ABB、AABB式形容词。"A+底"在句中做主语(3例)、宾语(5例),还有1例单独成句。

朱德熙先生开始认为,在现代汉语中,形容词的生动形式(通过重叠或附加造成的)构成的"的"字结构一般不能称代中心语,因为这种形式的形容词是描写性的,包含量的观念,而量的观念又是和人的主观估价作用联系在一起的①,这种"A+的"缺乏指别性,因此中心词不能省略。后来在考察了方言中的"的"以后提出,实际上北京话的状态形容词也能名词化。如②:

(44)那块黄澄澄的准是金子。

(45)我得挑一件干干净净的。

在《祖堂集》中我们发现就有这种状态形容词名词化的现象。如:

(46)爰有禅德远来问津,山下遇见师,遂辄申问:"丹霞山在什摩处?"师指山曰:"青青黯黯底是。"(卷四·丹霞和尚)

"青青黯黯底"称代其中心词"山",在句中做主语,但仅此一例,而且还借助了身体语言的指别作用,可能说明这种称代还是很受限制的。

第五,《祖堂集》中的"A底N"格式出现较少,且多为单一的性质形容词。

第六,《祖堂集》中的"VP+底"格式大多构成体词性结构,加"底"后在语义层面上由原来的陈述形式变为指称形式,在句法层面上则实现了名词化。但下面几个例句中的"底"则没有这种作用:

(47)洞山吃沈底,师云:"此著一子,莽卤吞不过,千生万劫休。

---

① 详见朱德熙(1956):《现代汉语形容词研究》,《语言研究》第1期。

② 朱德熙(1980):《北京话、广州话、文水话和福州话里的"的"字》,《方言》第3期。

阇梨瞥起，草深一丈，况乃有言。”（卷五·云岩和尚）①

（48）师见洞山沈吟底，欲得说破衷情。（同上）

（49）归宗沉吟底，僧便问：“只如南泉意如何?”（卷十六·南泉和尚）

“VP+底”在句中做谓语，“底”在这里不是名词化的标记，似乎是一个动词词尾，但现代汉语中这种用法也已经消失了。

其余的“底”从语义上看，大多是转指的标记（记作“底$_t$”），也有一些自指的底（记作“底$_s$”）。我们先来讨论后者。

朱德熙（1983）指出，从语义的角度看，谓词性成分的名词化有两种，一是自指，二是转指。前者单纯是词类的转化，语义保持不变，造成的名词性成分与原来的谓词性成分所指相同；后者除了词类的转化以外，词义也发生明显的变化，造成的名词性成分与原来的谓词性成分所指不同。名词化又有构词平面上的名词化和句法平面上的名词化之分。从构词平面来看，汉语缺乏表示自指意义的名词后缀，“-子”“-儿”“-头”加在谓词性词根上造成的名词绝大部分都是表示转指意义的，这很可能是因为汉语的动词和形容词本身就能充当主宾语，不像英语那样必须在形式上名词化之后才能在主宾语位置上出现。现代汉语句法平面上名词化的主要手段是在谓词性成分后头加“的”。“VP 的”可以表示转指意义，也可以表示自指意义。转指的“VP 的”可以单独使用，自指的“VP 的”只能在定语位置上出现，不能离开后头的中心语独立。

李立成（1999）试图证明现代汉语中也存在不在定语位置上的自指的“的”字短语。他指出的现象有两种，一种是“取舍句”，即下面这种句子：

（50）你还是去一趟的好。

① 关于“吃沈底”的意义有不同意见。一些学者（如王锳）认为“吃沈”是“沈吟”二字倒置，“吃”“吟”字形相近，“吃沈底”犹言“思量著”“考虑著”。冯春田则认为不妨按原词字面意义理解，“吃”指说话迟滞、不流利，“吃沈底”即“迟疑沈默（或难言）状”，“底”为状态形容词词尾，相当于现代汉语的“地”。详见禅集俗语言研究会编《俗语言研究》第三期，1996 年 6 月。

(51)下岗后,有人建议我做点儿小买卖,比如卖鱼啦,卖菜啦什么的,经过了解,我觉得还是卖菜的好。

这种取舍句的谓语形容词只限于简单形式(绝大部分是"好"),不能用复杂形式。

另一种是"动 de 形"描写句。他认为不表可能的"动 de 形"结构是主谓关系,de 就是名词化标记"的"。如:

(52)你骑 de 太靠外了。

(53)我们合作 de 很愉快。

(54)如果叫他去当经理,一定会当 de 不错。

他所说的"动 de 形"描写句是大家一般认为的述补结构,其中的"de"是否是自指的名词化标记,还值得进一步探讨,而第一种"取舍句",我们认为其中的"的"应该是表自指的"的",当然这个"的"不一定是名词化的标记,但一定是指称化的标记。

我们发现,在《祖堂集》中,独用的"VP 底$_s$"并不少见,共 11 例。如:

(55)师曰:"默底是?说底是?"对曰:"默底是。"(卷五·云岩和尚)

(56)因道吾卧次,师问:"作什麼?"吾云:"盖覆。"师云:"卧底是,不卧底是?"吾云:"不在两处。"(卷五·椑树和尚)

(57)悟底是,不悟底是?若便悟去,亦不分外;若便不悟去,亦不分外。(卷十一·保福和尚)

这些句子中的"VP 底"中都有句法空位,主语都没有出现,但是"VP 底"都不是转指主语,而是指动作本身。唯一的区别是 VP 后头加上"底"之后,原来表示陈述的 VP 就转化为表示指称的"VP 底"了。这种"底"显然是表示自指的"底$_s$"。"VP 底$_s$"在句中都做主语,谓语都是形容词"是",即都用做形容词谓语句的主语。句子大都是疑问句,也有作为回答的陈述句。用于疑问句中时,都是正反两项对举的选择问句,表示二者相比,哪项更为可取;用于陈述句中时,是表示二者相比,这样比较可取,也就是取舍句。

汉语中的谓词性成分一直可以不用加任何名词化标记而直接

做主宾语,《祖堂集》有这样的例子:

(58)时有人便问:"承师有言:大家识取混崘,莫识取劈破。如何是混崘?"师良久。问:"如何是劈破底?"师云:"只这个是。"(卷十三·福先招庆和尚)

"混崘""劈破"都是谓词性成分,做"是"的宾语时,前者没有标记,后者加上了"底",所指不变。《祖堂集》中的"VP 底$_s$"在句法上没有名词化,在语义上则指称化了,"底$_s$"是指称化的标记。

表示自指的"X 底$_s$"在五代以后一直存在,我们会在后面的几章中进行详细的考察。

《祖堂集》中表示转指的"VP + 底$_t$"根据其转指的语义角色可以分为如下几类:

1. 转指施事

VP 为动作动词、自主动词,共 9 例。如:

(59)师曰:"乞眼精底是眼不?"(卷五·云岩和尚)

2. 转指感事

VP 为心理动词、感知动词,共 4 例。如:

(60)师却云:"不会不疑底,不疑不会底。"(卷三·鹤林和尚)

3. 转指主事

VP 为非动作动词,非自主动词,这里主要是转指 V 为"有"的"VP"的主语,共 2 例。如:

(61)洞山云:"将谓有气力底是。"(卷六·神山和尚)

4. 转指受事

VP 为动作动词、自主动词,与施事相对,共 5 例。如:

(62)夹山云:"这个犹被老僧坐却底。"(卷九·落浦和尚)

5. 转指对象

VP 为心理动词、感知动词,与感事相对,有 1 例。

(63)云:"洞山道什摩?"师云:"云居闻底。"(卷八·龙牙和尚)

6. 转指系事

VP 为非动作动词,非自主动词,这里主要是转指 V 为"有"的"VP"的宾语,与主事相对,有 1 例。

(64)僧云:“既是人人尽有底,用被作什摩?”(卷八·曹山和尚)

7. 转指结果

转指由施事的动作行为造成的结果,共4例,VP为“说”“道”等言说动词。如:

(65)师云:“药山道底,只是拙钝。”(卷十三·报慈和尚)

以上7种在现代汉语中都还存在,但是现代汉语中“VP的$_t$”可以转指的与事、工具、处所等语义角色,在《祖堂集》中都还未出现。第1—3种属于广义的施事,共15例;第4—7种属于广义的受事,共11例。转指施事是文言中“者”的功能,转指受事是文言中“所”的主要功能,也是晋代之后“者”扩展了的功能。转指与事、工具、处所等属于文言中“所”的功能,尽管“者”到唐代也偶尔有转指与事、工具的,但很少见。因此《祖堂集》中“VP的$_t$”的功能与到唐代为止“者”的转指功能还是较为一致的。

从语法功能来看,“VP底$_t$”是体词性结构,在句中做主语和宾语,也可以独立成句。

第七,“VP+底+N”结构有两种类型。

第一种类型为同位性偏正结构(A类):“底”是转指的“底$_t$”,“VP底$_t$”与中心语N所指相同。从V与N的语义关系来看,可以分为“VP底$_t$O”(N是VP的广义的受事、甲式)和“VP底$_t$S”(N是VP的广义的施事、乙式)两种。

第二种类型为非同位性偏正结构(B类):“底”是自指的“底$_s$”。

A类中的甲式在敦煌变文中已经出现,A类中的乙式和B类是新兴的形式,并且乙式的数量大大超过了甲式。

从乙式的中心语来看,多数是单音节的表示泛指的名词,其中“人”做中心语就有58例,约占65%。

B类从中心名词和动词的语义关系来看,“VP”大多表示N的内容。如:

(66)师与王大王说今古成人立德底事,师向大王云:“世俗中亦有志人底苗稼,佛法中亦有志人底苗稼。”(卷十·长庆和尚)

(67)有时云:"欲得见诸圣,亦从此门入;不欲得见诸圣,亦从此门入。"师却问僧:"作摩生是汝入门底事?"僧云:"当不当。"(卷十一·保福和尚)

(68)师云:"上座行脚底事作摩生?"(同上)

还有表示同一的。如:

(69)有人问先曹山:"古人有言:'吾有大病,非世所医。'未审唤作什摩病?"曹山云:"攒簇不得底病。"(卷十四·茗溪和尚)

综上所述,《祖堂集》中"底"的使用频率大大高于敦煌变文,"底"的组合功能和表自指、转指的语义功能都有了一定的发展。然而,与现代汉语相比,"底"字结构的结构类型虽然已经完备,但各类型的使用频率差别很大。从做定语的情况来看,名词性定语只有 5 例,形容词性定语只有 6 例,而动词性定语有 126 例,其所占百分比分别为 4%、4%、92%。

第四节 小 结

最晚在晚唐已经出现的结构助词"底"的来源问题在学术界至今还有分歧。我们考察了文言中"者"的用法的扩张,发现先秦的"之""者""所"三分天下的格局到了魏晋南北朝时期发生了很大的转变,"者"侵入了"所"的功能领域,受"所 VO"的影响,后面又可以加上中心语 O,从而具备了用于语中的用法,并首先出现在同位性定语中。"者"虽然有了语中用法,但始终没有发展出用于非同位性定语和中心语之间的功能,这种功能是在"底"产生以后实现的。

从《敦煌变文集》和《祖堂集》来看,唐五代时期"底"的用法包括了现代汉语的"的$_1$""的$_2$""的$_3$"。从用于体词性结构的"底"的组合情况来看,无论"X 底"是用于语中还是语末,动词性成分充当的"X"都占了压倒性多数,尤其是动词性定语在全部定语中的比例高达 92%。这种现象的原因是不言而喻的：动词充当定语时如果不加标记，则容易引起歧义，而名词、形容词常可直接做定语又不会影响理解，另外，名词、形容词做定语时以“之”为标记的仍占有很大的比例。为了研究的方便，我们统计了《敦煌变文集校注》中的《伍子胥变文》《汉将王陵变》《李陵变文》和《庐山远公话》，以及《祖堂集》第 13—16 卷当中定语和中心语之间有无标记的情况。具体如下面两表所示：

表一：《敦煌变文集校注》

	名词性修饰语	形容词性修饰语	动词性修饰语
零标记	157	12	22
之	123	16	65
者	0	0	1

表二：《祖堂集》

<table>
<tr><td colspan="2"></td><td colspan="2">名词性修饰语</td><td colspan="2">形容词性修饰语</td><td colspan="2">动词性修饰语</td></tr>
<tr><td colspan="2">零标记</td><td colspan="2">101</td><td colspan="2">6</td><td colspan="2">29</td></tr>
<tr><td rowspan="3">有标记</td><td>之</td><td>33</td><td rowspan="3">33</td><td>1</td><td rowspan="3">6</td><td>30</td><td rowspan="3">56</td></tr>
<tr><td>底</td><td>0</td><td>2</td><td>26</td></tr>
<tr><td>个</td><td>0</td><td>3</td><td>0</td></tr>
</table>

从表中可以看出，敦煌变文中名词和形容词性修饰语均有大约半数是不加定语标志“之”直接修饰名词的，而动词性修饰语则有 75% 用了定语标记“之”；《祖堂集》中名词性修饰语和中心语之间的“之”数量减少，只占 25%，而“底”也还没有占据这个位置，以零标记为常。形容词性修饰语和中心语之间用标记“之”“底”或“个”的数量与用零标记的数量比例为 1∶1，而动词性修饰语和中心语之间仍然以用标记为常，有标记与零标记之比约为 2∶1，其中“底”与“之”的使用频率大致相当。

汉语的定中短语是短语结构中的一种重要类型。从先秦到唐五代，定中短语也有了很大发展。对先秦汉语定语的情况，有很多学者进行了研究，主要集中在定语的类型、定中结构之间有无“之”

及其规律。如杨伯峻、何乐士(2001:56)认为,多数情况下定中之间不加“之”,加“之”与否,多半为了使短语或短语所在的结构成为偶数音节。另外,如果做定语的形容词不止一个,或多音节的形容词做定语,则定语和中心词之间往往加“之”。至于加“之”与否的规律性,则没有作具体的分析。李佐丰(2004:329)详细研究了其中的规律后指出:

定中短语之间有时加“之”,有时不加“之”。这里有一定的规律性,但并不十分严格,其中也有一定的任意性,可能还有个人的语言风格在起作用。总的来说,是否加“之”的基本原则是:在定中短语之间,如果不加“之”也不会出现误解,就不加;在不加“之”时,有可能混同其他句法结构,就要加“之”。这个原则造成一种音节上的趋势:在音节为奇数时,易于加“之”,成为偶数。……音节的奇偶是句法原因造成的一种常见的结果,这个结果可能又影响了定语中是否加“之”。但它不是基础原因,否则就无法解释在字数为偶数音节的情况下,还常要加“之”的原因。

他还总结了定中短语是否加“之”的具体规律:

1. 不加“之”

(1)单音节的,时常用做定语的形容词、名词、方位词做定语时,其后通常不加“之”。

(2)除了“谁”之外,代词做定语一般不加“之”。

(3)数词无论是单音节的还是多音节的,做定语时一般都不加“之”。

(4)先秦并不常用的天然量词做定语一般也不加“之”。

2. 加“之”

定语加“之”主要与七个方面的因素有关,其中前三个与定语有关,后四个与中心语和句法结构有关。

(1)人名做定语一般要加“之”。

(2)联合短语、述宾短语、连谓短语、定中短语时常做定语,状中短语有时也做定语。以上各种短语做定语时通常加“之”,而短语的构造越复杂,越常加“之”。

(3)复音词做定语多数加“之”,在不致产生歧义的情况下,也可以不加“之”。

(4)在定语和中心语都是短语,尤其“之”后中心语的第一个字是谓词时,一般加“之”,这样的短语最易形成奇数音节。

(5)中心语是兼属名词和动词两类的词,如果不加“之”则名词、动词难以区分,一般要加“之”。

(6)定中短语做论断句的谓语,不加“之”,难以区分论断句的界限,常加“之”。这种情况也最容易形成奇数音节。

(7)定中短语用做介词的宾语时,通常要加“之”。

李文中总结的这些规律在先秦汉语的定中短语中确实存在,虽然不太严格。而随着定语的复杂化,到了晚唐的敦煌变文中,定语和中心语之间有“之”作为标记的现象多了起来,这其实也是遵循了李文所说的这些规律的:复杂定语和中心语之间如果没有标记,则容易造成歧义和误解。

从定语的种类来看定中短语之间有无标记的情况,我们可以比较一下《左传》和敦煌变文。管燮初(1994)统计了《左传》中名词的修饰语的类型及其数量。我们选取其中的属性修饰语和领属修饰语,根据管文的数据列表如下:

表三:《左传》

	名词性修饰语	形容词性修饰语	动词性修饰语
零标记	3961(72%)	1033(99%)	527(83%)
之	1544(28%)	14(1%)	111(17%)

同时,为了便于比较,我们把《左传》和敦煌变文中“之”连接的定语种类的差异列表如下:

表四:《左传》敦煌变文中“之”连接的定语所占比例的比较

	名词性修饰语	形容词性修饰语	动词性修饰语
左传	1544(92.5%)	14(0.8%)	111(6.7%)
敦煌变文	123(60%)	16(8%)	65(32%)

由表三和表四,我们看到,从先秦到晚唐,名词性修饰语在定

语中始终是占大多数的,而其中由“之”连接的定中短语,在《左传》中占92.5%,在敦煌变文中占60%,说明到了晚唐,“之”连接形容词性和动词性定语的数量有所增加。从定中短语之间有无标记的情况来看,不论是名词性、形容词性还是动词性的定语,定中之间有“之”作为标记的数量比零标记的数量都大大增加了。这说明汉语从先秦到晚唐存在定中之间加标记的趋势。而从表一和表二的比较来看,五代时期修饰语和中心语之间不加任何标记的现象仍很常见,标记“之”的使用开始萎缩,而“底”首先在动词性修饰语之后大量地替代了“之”,用于名词性修饰语之后的位置仍然是标记“之”的最坚固的地盘,这一位置也是“之”从先秦开始就占据的最主要的位置。

第二章

宋金时期的结构助词“底(的)”

第一节 “底(的)”的组合功能

在宋代的语料中,我们主要考察了《景德传灯录》《乙卯入国奏请》《三朝北盟会编》《河南程氏遗书》《五灯会元》《碧岩录》《象山语录》《朱子语类》《张协状元》,在金代的语料中,我们主要考察了《刘知远诸宫调》和《古本董解元西厢记》。

宋代由于语音的演变,结构助词“底”之外又产生了“的”的写法,但一直到《朱子语类》中还是以“底”为主,“的”的用例超过“底”首先是在金代文献《古本董解元西厢记》中。目前所见较早的例子如:

(1)南朝煞是应副本国也,如有些小的公事,也须休恐恶模样。(《乙卯入国奏请》)

(2)大抵契丹水土一齐都得,岂有不得银绢的道理?(《三朝北盟会编》卷14,燕云奉使录)

(3)金主遣高庆裔来,谕以尼楚赫係是北朝皇帝最亲任、能干的近上的大臣,权最重,见知军国重事。(同上)

(4)马欲因此杂结往来之人,复与山寨通耗间,因寒食日,伪随大姓送丧携亲的十三人,奔诣五马山寨。(同上,卷115)

(5)学是至广大的事,岂可以迫切之心为之?(《河南程氏遗书》卷18)

(6)然而气体日渐长大,长的自长,减的自减,自不相干也。(同上)

在下面的考察中,我们将“底”和“的”看做同一个结构助词进行统计和研究。

宋代的结构助词“底”主要用于体词性结构,也有一些用于谓词性结构。在《三朝北盟会编》中有“代+底+动”1例,《张协状元》中有“副＋底”1例、“副＋底＋动”3例、“形＋底＋动”1例，《朱子语类》中有“副＋底”1例。用于体词性结构的除了“底（的）”以外，还有“地”和“得”，但用例也都较少。在《三朝北盟会编》中有“代＋地＋名”1例，《碧岩录》中有“多项定语＋地＋名”1例、“代＋得”1例，《象山语录》中有“形＋得”1例，《朱子语类》中有“形＋地＋名”1例。这说明宋代结构助词“底”和“地”都有侵入对方领地的用法，但只占极小的比例。“得”也有少量相当于“底”的用法。以上用法举例如下：

（7）来日皇子郎君相见时，枢密侍郎莫要如此底死争，恐坏他两朝和好事也。（《三朝北盟会编卷29·靖康城下奉使录》）

（8）（生）告婆知：念叶归乡尤未得，它又无夫叶独自底。（《张协状元》第14出）

（9）［赵皮鞋］你还欲要见它时，如法底高叫：“奴万福！”（《张协状元》第35出）

（10）玄沙参到绝情尘意想，净裸裸赤洒洒地处，方解恁么道。（《碧岩录》卷9）

（11）旧罪不妨诛责，愈见得不好；新得不妨发扬，愈见得牢固。（《象山语录》卷下）

（12）曰：“玄，只是深远而至于墨窣窣地处，那便是众妙所在。”（《朱子语类》卷125）

金代的《刘知远诸宫调》中结构助词“底”“地”“得”的用法区别得很明显，没有混用的情况，而且体词性的偏正结构中多数用“底”（14例），少数用“的”（4例）。《古本董解元西厢记》则相反，“地”可以用于状态形容词之后，相当于现代汉语的“的$_2$”（2例），也可以用于形容词性修饰语和名词中心语之间（7例，其中用于状态形容词之后的6例），“得”也可以用于体词性结构（其中“形＋得＋名”1例、“动＋得＋名”1例），“的”也有1例用于谓词性结构“动＋的＋形”，而且“的”有189例之多，“底”只有2例。如：

（13）［风吹荷叶］香喷喷地，软柔柔地，酥胸如雪。（《古本董解元西厢记》卷5）

(14)凛凛地身材七尺五,一只手把秀才捽住,吃搭搭地拖将柳荫里去。(同上,卷1)

(15)烧罢功德疏,百媚地莺莺不胜悲苦,似梨花带春雨。(同上)

(16)无情绪,憔悴得身躯,有谁抬举?(同上,卷7)

(17)许了林下做为侣,说得言语真个不入俗。(同上,卷1)

宋金时期的“底(的)”的组合功能与唐五代相比,有了较大发展,出现了前代几乎没有的“名+底(的)+名”格式,定语的类型增多,并且出现了多项定语组成的较长的复杂定语。具体情况如下:

一、名+底

宋金时期表示转指的“名+底”与其代替的中心名词的语义关系大都是领属关系(465例),只有少量是属性关系(21例),二者之比约为23:1。详细情况如下:

1. 领属关系

A. 可以让渡的领属关系

除了唐五代时期已经出现的占有领属、处所领属(处所—本体关系①)之外,还出现了时间领属(时间—本体关系)。如:

(18)譬之家藏良金,不索外求,贫者见人说金,须借他底看。(《河南程氏遗书》卷2上)

(19)既有城下之盟,许割与他三镇。那租赋便是这里底,怎生更说上也?(《三朝北盟会编卷55·靖康大金山西军前和议录》)

(20)有时意思或不好,便把来改;待得再看,又反不如前底。(《朱子语类》卷97)

(21)(末出)覆夫人:男女生长京华,三年一度,五岁却是两番,每见着状元,都不似今年底聪慧。(《张协状元》第27出)

现代汉语中名词重叠表示“每”“周遍”的意义时,“的”后的名词不可省略。宋代的语料中则出现了反例:

① 唐五代出现的“处所—本体关系”中省略的中心语是具体的事物,宋代的这种关系中省略的中心语除了具体的事物以外(例19),还有抽象的事物(例20)。

(22)上堂:"此事如一片田地相似,一任诸人耕种,无有不承此恩力者。"玄沙曰:"且作麽生是这田地?"师曰:"看。"沙曰:"是即是,某甲不与麽。"师曰:"你作麽生?"沙曰:"只是人人底。"(《五灯会元卷7·雪峰义存禅师》)

这是比较特殊的例子,出现的数量也极少,我们只看到这1例。这里的"人人"其实就相当于上文的"诸人",也就是"大家"。

B. 不可让渡的领属关系

除了前代已有的器官领属以外,还出现了观念领属、属性领属。表示器官领属的例子只有2例,是沿袭了《祖堂集》的句子,而且在句子中有距离较近的先行词出现,像《祖堂集》中那种没有先行词的现象已经消失了(例23)。因为有先行词,所以中心语即使省略,也不太会妨碍人们的理解,这与现代汉语的情况一致。表示观念领属的例子则数量较多,一般也是在有先行词的前提下出现的(例24、25)。属性领属是指中心语所表事物是名词性修饰语所表事物的内在属性。这种例子也较少,一般前面也有先行词出现(例26)。

(23)师作草鞋次,洞山近前曰:"乞师眼睛得么?"师曰:"汝底与阿谁去也?"(《五灯会元卷5·云岩昙晟禅师》)

(24)若说道我底学问如此,你底不是,必为人所攻。(《象山语录》卷下)

(25)大凡文字有未晓处,须下死工夫,直要见得道理是自家底,方住。(《朱子语类》卷10)

(26)只是鸟兽底知觉不如人底,草木底知觉又不如鸟兽底。(同上,卷60)

2. 属性关系

除了唐五代时期已有的分数关系和特性关系外,还出现了特征关系、数量关系和相关关系。

A. 分数关系

(27)如十分金,彻底好方谓之真金,若有三分银,便和那七分底也坏了。(《朱子语类》卷16)

(28)雄壮底只有力,四五分底却识相打法,对副雄壮底便不费力,只指点将去。(《朱子语类》卷136)

B. 特性关系

(29)明眼底,瞥地便回。未悟者,识取面目。(《五灯会元卷18·胜因咸静禅师》)

(30)后来钦夫说道:凡肯向此者,吾二人只如此放过了,不特使人泛然来行一遭,便道我曾从某人处讲论,一向胡说,反为人取笑,亦是坏了多少好气质底。(《朱子语类》卷116)

C. 特征关系

这里的特征是指事物外在的表征和特点。

(31)且道唤什么作此经?莫是黄卷赤轴底是么?(《碧岩录》卷10)

(32)有僧问:"如何是佛?"师曰:"黄面底是。"(《景德传灯录卷6·云盖志元禅师》)

D. 数量关系

数量关系有两种。第一种是计数—本体关系。如:

(33)三十的早年高,六尺的早最矬。(《古本董解元西厢记》卷3)

第二种是计量—本体关系。如:

(34)胡致堂言:"(使)[吏]人,不可使他知我有恤他之意。"此说极好。又曰:"此已是恤他不可恤。小处可恤,大处不可恤。"又曰:"三五十钱底可恤,若有人来理会,亦须治他。"(《朱子语类》卷112)

E. 相关关系

(35)这个公案,与龙牙底一般。(《碧岩录》卷7)

(36)因说吕居仁作《汪民表墓志》不好,曰:"作龟山底尤不好,故文定全不用,尽做过了。"(《朱子语类》卷132)

(37)且如曾点漆雕开两处,漆雕开事言语少,难理会;曾点底,须子细看他是乐个甚底,是如何地乐。(《朱子语类》卷121)

现代汉语里表示属性关系的以上几类中,名词修饰语和中心语是分数关系、特性关系、特征关系、数量关系的一般中心语都可省略，但相关关系的一般不能省略，否则容易产生歧义。如：小白兔的故事——*小白兔的，爱情的诗篇——*爱情的。宋代出现的这几例表示相关关系的名词修饰语之后省略中心语的用法比较特殊，但必须指出的是，因为上文出现了省略的中心语，所以这种承上省略并不影响理解。

从宋代的“名词性成分+底”结构来看，“名词性成分+底”代替中心词的用法比较自由，只要根据语境能够联想到所代替的对象，就都可以省略中心语。

宋代的“名+底”还有后面再加结构助词“个”的情况：

(38)上堂：“乍雨乍晴，乍寒乍热，山僧底个，山僧自知。诸人底个，诸人自说。且道雪峰口除吃饭外，要作甚麽？”(《五灯会元卷14·长芦清了禅师》)

这种例子比较少见，可能是方言现象。

二、名+底+名

一般认为，“名+底+名”格式出现得较晚，在《景德传灯录》中还没有出现，到南宋的《朱子语类》中也只有7例①。我们经过考察，发现五代时期的《祖堂集》中就已经有5例(详见第一章第三节)。这5个例子可能在理解上会有分歧。而到了宋初的《景德传灯录》，就出现了明确的“名+底+名”格式。到了南宋的《朱子语类》，“名+底+名”格式已经应用得很广泛了(我们所说的名词性定语包括代词和数量结构)。

《景德传灯录》中有3例，定语分别是方位词和数量结构：

(39)师曰：“鉴汝来处，未有教外底眼。”(卷11·仰山慧寂)

(40)师上堂，举古人云：吾有一言，天上人间，若人不会，绿水清山。且作麽生是一言底道理？(卷25·天台山德韶)

① 见曹广顺(1995)：《近代汉语助词》，第133页，语文出版社；祝敏彻(1982)：《〈朱子语类〉中的“地”“底”的语法作用》，《中国语文》第3期。

(41)问："尽大地是一只眼底人来，师如何？"（卷20·护国守澄）

以上例子说明，《景德传灯录》中已经出现了真正的名词性定语。

从定语和中心语的关系来看，在我们调查的语料中，宋金时期表领属关系和表属性关系的名词性定语都已经出现，其中领属关系156例，属性关系97例，二者之比约为1.6∶1。详细情况如下：

1. 领属关系

A. 可以让渡的领属关系

有占有领属、处所领属（处所—本体关系）、时间领属（时间—本体关系）、整体—部分领属。如：

(42)伊夺檐去，我底行货，都是川里买来底。（《张协状元》第8出）

(43)［商调］［玉抱肚］佛前的供床金间玉，香烟袅袅喷瑞兽。中心的悬壁，周迴的画像，是吴生亲手。（《古本董解元西厢记》卷1）

(44)（末上白）若论夜间底梦，皆从自己心生。（《张协状元》第4出）

(45)是世间虫蚁儿里的活撮，叨叨的絮得人怎过？（《古本董解元西厢记》卷6）

表示时间领属的名词性定语还可以重叠。如：

(46)年年的光景如梭，急煎煎的心绪如火。（同上）

B. 不可让渡的领属关系

有称谓领属（包括亲属称谓和社会关系称谓）、器官领属、观念领属、特性领属、特征领属、结果领属、状况领属、事业领属。如：

(47)是他的亲姑舅要做夫妻，倚仗是宰臣家有势力，不辨个清浊没道理。（《古本董解元西厢记》卷8）

(48)这般物类，教我怎不阴哂，——是阎王的爱民。（同上，卷7）

(49)（末）夜来梦见一条蛇儿，都是龙的头角。（《张协状元》第4出）

(50)不是将他人底道理去治他，又不是分我底道理与他。（《朱子语类》卷63）

(51)循性者，马则为马之性，又不作牛底性；牛则为牛之性，友

不为马底性。(《河南程氏遗书》卷1)

(52)问:“《豳》之所以为《雅》为《颂》者,恐是可以用《雅》底腔调,又可用《颂》底腔调否?”(《朱子语类》卷80)

(53)郑恒的言语无凭准,一向把夫人说调。(《古本董解元西厢记》卷7)

(54)汝若瞒还自瞒,汝若成佛作祖,老僧无汝底分。(《五灯会元卷19·明因昙玩禅师》)

(55)圣人教人,何不都教他做颜曾底事业?(《朱子语类》卷19)

2. 属性关系

宋金时期出现了分数关系、特性关系、特征关系、数量关系(包括计数—本体关系和计量—本体关系)、相关关系、同一关系、比喻关系(包括喻体—本体关系和本体—喻体关系)。其中同一关系、比喻关系是新出现的。

(56)十分来的鬼病,九分来痊瘥。(《古本董解元西厢记》卷5)

(57)此有三样:上智底人,他晓得必不看;下智呆底人,亦不必看;中智底人必看,看则堕其机矣。(《朱子语类》卷134)

(58)问:“尽大地是一只眼底人来,师如何?”(《景德传灯录卷20·护国守澄禅师》)

(59)分命四时成岁,便是心中包一个三百六十五度四分度之一底天,方见得恁地。(《朱子语类》卷78)(计数—本体关系)

(60)曰:“他是言九万里底风,也是这个推去。”(《朱子语类》卷125)(计量—本体关系)

(61)因指案上花瓶云:“花瓶便有花瓶底道理,书灯便有书灯底道理。”(《朱子语类》卷97)

(62)善便有一个元底意思。“元者善之长”,万物皆有春意,便是“继之者善也”。(《河南程氏遗书》卷1)

(63)这里是刀锯鼎镬底学问。(《象山语录》卷下)(喻体—本体关系)

(64)意又是志之经营往来底,是那志底脚。(《朱子语类》卷5)(本体—喻体关系)

三、形+底

宋金时期与结构助词“底”组合的形容词性成分有性质形容词、状态形容词、形容词性偏正结构、并列结构，还有形容词做谓语的主谓结构。如：

(65)师曰:“把将虚底来。”(《景德传灯录卷5·光宅慧忠国师》)

(66)(净)正是把个团团底。(末)我都望不见。(净)是个青铜镜儿。(《张协状元》第38出)

(67)既言北朝照证文字煞多,因甚箚子内只说此两件,必是此两件是最亲切底。(《乙卯入国奏请》)

(68)人凝重阔大底好,轻薄小相底不好。(卷下)

(69)资质好底便化,不好底须立个制度,教人在里面,件件是礼。(《朱子语类》卷23)

由形容词做谓语的主谓结构和“底”组成的“底”字结构指称跟主语所指有领属关系的事物，这与现代汉语的情况一致。

状态形容词之后的“底”有的是形容词词尾，相当于现代汉语的“的$_2$”。同时，“地”也有相同的用法，即宋金时期相当于现代汉语“的$_2$”的有“底”和“地”两个结构助词。如：

(70)(丑)我便问他:贫女姐姐,你又恁地孤孤单单,我恁地白白净净底。(《张协状元》第11出)

(71)若识心皎皎地,实无丝豪障碍。(《景德传灯录卷第25·天台山德韶国师》)

状态形容词名词化的现象在《祖堂集》中就已经出现，在宋金时期还继续存在。除例66以外，其他例子如：

(72)如昨军兴事务繁夥,是亦学也;但恐只了佗纷纷底,则又何益?(《河南程氏遗书》卷2下)

(73)但他说便只是这个,又不用里面许多节拍,却只守得个空荡荡底。(《朱子语类》卷94)

“底”还用于比况性短语之后，也是名词化的标记。如：

(74)(净)似门前樟树样大底,买一朵归来,与娘插在肩头上。

(《张协状元》第5出)

(75)(净白)孩儿,有好掉篦似扁担样大底,买一个归来,把与娘带。(同上)

四、形+底+名

宋金时期做定语的形容词性成分,除了唐五代出现的性质形容词外,还有状态形容词、形容词性偏正结构、形容词性并列结构和谓语是形容词的主谓结构。如:

(76)问:"如何是高尚底人?"(《景德传灯录卷19·安国弘瑫禅师》)

(77)看他德山沩山如此,岂是灭灭挈挈底见解。(《碧岩录》卷1)

(78)问:"如何是大败坏底人?"(《五灯会元卷第8·龙济绍修禅师》)

(79)若理,则只是个净洁空阔底世界,无形迹,他却不会造作;气则能酝酿凝聚生物也。(《朱子语类》卷1)

(80)资禀好底人,须见一面,自然识取,资禀与道相近。(《象山语录》卷下)

宋代的形容词性修饰语都是紧挨着名词性中心语的,与其他性质的定语并列时,有时位于其他定语的前面。金代出现了"形+的"结构前置于动词前面,从表层结构来看是修饰谓语的状语,从深层结构来看则是指向动词后的宾语。这种形容词都是状态形容词。如:

(81)[尾]一盏酒里,白泠泠的滴够半盏儿泪。(《古本董解元西厢记》卷六)

这种前置现象在宋代以后也时有所见,一直沿用到现代汉语中。

五、动+底

宋金时期与结构助词"底"组合的动词性成分有动词和动词性偏正结构、动宾结构、动补结构、并列结构、连动结构、兼语结构,还有谓语是动词的主谓结构和"所V"结构。这说明,这一时期与"底"组合的动词性成分已经十分完备。

(82)众僧参次,师云:"适来底什幺处去也?"(《景德传灯录卷6·石巩慧藏禅师》)

(83)[正宫][文序子]奈何使刀的人困马乏,欲待挣揣些英雄不如趔撤。(《古本董解元西厢记》卷2)

(84)望之云:"耶律德光到汴京不及一月,如何为之守得?"三宝努云:"有守得底。"(《三朝北盟会编卷29·靖康城下奉使录》)

(85)垂示云:超情离见,去缚解粘,提起向上宗乘,扶竖正法眼藏,也须十万齐应八面玲珑,直到恁幺田地,且道还有同得同证同死同生底幺? 试举看。(《碧岩录》卷10)

(86)师执其手问曰:"汝是悟侍者那!"悟曰:"诺。"师曰:"是当时在知客寮,见掉火柴头,有个悟处底么? ……"(《五灯会元卷17·泐潭文准禅师》)

(87)"克己"是教它不得打底,便是从根源上与它说定不得打。(《朱子语类》卷44)

(88)(净使棒介)这个山上棒,这个山下棒,这个船上棒,这个水底棒。这个你吃底。(末)甚棒?(《张协状元》第8出)

(89)师疑不已,将从前所得底一时扬下。(《五灯会元卷20·净慈彦充禅师》)

六、动+底+名

宋金时期充当定语的动词性成分和上述"动+底"结构中的一样,有动词和动词性偏正结构、动宾结构、动补结构、并列结构、连动结构、兼语结构,还有谓语是动词的主谓结构和"所V"结构。如:

(90)问:"从上古人印印相契,如何是印底眼?"(《景德传灯录卷13·风穴延昭禅师》)

(91)臣括答云:"但没便宜底文字,便总道'错误'即休,怎生使得!"(《乙卯入国奏请》)

(92)若存养久底人,自不如此,圣贤则无这个梦。(《河南程氏遗书》卷18)

(93)到这里眼见如盲相似，耳闻如聋相似，方能与玄沙意不争多，诸人还识盲聋暗哑底汉子落处么？(《碧岩录》卷9)

(94)师曰："将饭与阇梨吃底人还具眼也无？"僧无对。(《景德传灯录卷14·丹霞天然》)

(95)岂有公案祇教人看一句底道理？(《五灯会元卷19·五祖表自禅师》)

(96)若逢强寇决胜，临敌于野外。把你平生有底学才，刀举把贼徒斩坏。(《刘知远诸宫调》卷12)

(97)不知如今本朝所须底事，莫须应副得么？(《三朝北盟会编卷162·绍兴甲寅通和录》)

七、介词结构+底

这是宋代出现的新兴格式，但数量较少，我们只在《朱子语类》中发现了少量用例。如：

(98)只看为己底是如何，他直是苦切。(《朱子语类》卷120)

(99)曰："圣人也不容易说与人，只说与几个向上底。"(《朱子语类》卷36)

八、介词结构+底+名

这种格式也是唐五代时期所没有的，用例也较少。如：

(100)僧问："如何是为人底一句？"师曰："开口入耳。"(《景德传灯录卷24·唐州保寿匡佑禅师》)

(101)此心先错用向东去，及至唤回西边，又也只是那向东底心；但只列转些顿放，元不曾改换。(《朱子语类》卷120)

九、成语/引语+底

这也是宋代新兴的格式。如：

(102)复曰："苦哉！苦哉！育王被人推倒了也。还有路见不平，拔剑相为底麽？若无，山僧不免自倒自起。"(《五灯会元卷18·育王介谌禅师》)

(103)那"未见能见其过而内自讼"底,便是不悔底。(《朱子语类》卷116)

十、成语/引语+底+名

(104)问:"如何是一丸疗万病底药?"师曰:"汝患什么?"(《景德传灯录卷20·云居怀岳》)

(105)人有寿考者,其气血脉息自深,便有一个深根固蒂底道理。(《河南程氏遗书》卷第2下)

十一、多项定语+底+名

这里的"多项定语"指多个不同词性的词共同组成的定语。如:

(106)不可是汝修因成果、福智庄严底事。(《景德传灯录卷18·玄沙宗一禅师》)

(107)此虽固然,但曾子平日是个刚毅有力量、壁立千仞底人。(《朱子语类》卷13)

十二、分句+底

复句中的"分句+底"格式在南宋时出现,我们只在《朱子语类》中发现了少量例子。如:

(108)然狱亦自有十三八棒便了底,亦有须待囚讯鞫勘,录问结证而后了底。(卷71)

(109)如一椀饭在这里,才去争,也有争得不被人打底,也有争得被人打底,也有争不得空被人打底。(卷138)

十三、复句+底+名

由复句充当定语的格式也出现在南宋的《朱子语类》中。如:

(110)若论自欺细处:且如为善,自家也知得是合当为,也勉强去做,只是心里又有些便不消如此做也不妨底意思;如不为不善,心里也知得不当为而不为,虽是不为,然心中也又有些便为也不妨

底意思。（卷18）

(111)下四爻是所据之位愈近，则所见愈亲切底意思。（卷70）

十四、X+底+动/形

这里的X指与动词、形容词等谓词性成分组合的成分，可以是名词、代词、动词或形容词。作为中心语的“动/形”是事物化了的动作、行为或性质，整个“X+底+动/形”不是陈述性的，而是指称性的。有两种类型：

1. 用于主谓结构的主语和谓语之间的“底”。X是名词，中心语是动词。如：

(112)防闲，古人亦有之，但他底防闲与吾友别。（《象山语录》卷下）

(113)淳录云：“若论主父偃后底封建，则皆是王族贵骄之子，不足以君国子民，天子使吏治其国而已。”（《朱子语类》卷86）

这里的“底”用于主谓结构的中间，使这一主谓结构在语义层面上由陈述状态变为指称性的。“底”的这种用法直接继承了古汉语中用于主谓之间的“之”。据王洪君(1987)的研究，“N之$_s$V”在西汉初年已大大衰落，到南北朝初期已经在大众口语中消失。我们可以看到，虽然“之$_s$”在口语中消失了，但唐代“底”兴起之后，在做主宾语的主谓结构“NV”之间，很自然地用新兴的“底”替换了古汉语中的“之”，形成“N底$_s$V”的格式。这种“底”不是后附性的，而是插入性的，与我们前面提到的各种组合中“底”的性质有区别。当然，这种格式在口语中的使用是很有限的，从目前所见的文献来看，只出现在书面语色彩较浓的宋儒语录中。但是，从宋代到元、明、清的接近口语的文献中，“N底$_s$V”都有用例，而且一直沿用到现代汉语当中，说明这一格式还是有它的生命力的。它的发展演变在以下几章中都会涉及。

2. 用于非主谓结构之间，“X”修饰中心语动词或形容词，在句中做主语或宾语。如：

(114)这个尊慈，平昔强项，气压诸方，逞过头底颟顸，用格外

底儱侗。(《五灯会元卷19·径山宗杲》)

(115)大底有大底阘辟消息,小底有小底阘辟消息,皆只是这道理。(《朱子语类》卷76)

十五、在某些动宾复合词或动宾短语中间,插入指人的名词加"底",表示某人是动作的对象

类似现代汉语的"开他的玩笑"的用法在南宋文献中就已经出现了,但用例较少,我们只在《张协状元》中发现1例:

(116)前生姻眷,结得我婆底缘。(第19出)

现代汉语的"开他的玩笑"中"他的玩笑"不能单说,宾语"玩笑"语法上的修饰语"他"在语义上并不修饰"玩笑",赵元任(1968)称之为"领格宾语"。这里"我婆底缘"中的"我婆底"从表层结构上看是做"缘"的领属性定语。这种说法之所以出现,与"缘"经常用于"有缘""无缘"等组合有关,这些宋代常见的说法使"缘"能够与名词性成分构成形式上的领属关系。这种结构正处于发生重新分析的有歧义的阶段。而这种用法出现以后很长时间未见大量使用,大约直到明代才普遍运用起来,并类推到"中心语"不能做"有"的宾语的类型,"N+的"插入动宾复合词或动宾短语表示动作的对象的语法意义这种功能才最终形成。这种用法的发展在后面几章中还会论及。

十六、用于动词和宾语中间,与"是"配合,指示句子焦点

我们发现在《五灯会元》中已经出现了类似现代汉语的"我是昨天进的城"的句式,强调已发生的动作的方式,但只有1例:

(117)一日,闻知事捶行者,而迅雷忽震,即大悟,趋见晦堂,忘纳其屦。即自誉曰:"天下人总是参得底禅,某是悟得底。"(卷17·黄龙悟新禅师)

这种"底"的性质和结构助词"底"的性质相比,已经发生了变化,"底"使句子的构造也发生了变化。"参得的禅"不是一个直接的组合,"天下人"和"禅"是不同的东西,因此太田辰夫(1987)认

为这是“同动词句的非逻辑的表达”，并且指出这种“的”的来源未必清楚。不过他认为这种用法在宋代没有，到了元明时期才能见到，我们现在可以修正这种说法。从现有的语料来看，这种“底”的来源确实是不清楚的。宋代的例子太少，而且宋代与“VP 底”结构有关的判断句类型也比较少，大致只有朱德熙(1978)所说的 S_1 和 S_2 两种，即：

S_1：M + 是 + DJ 的　此犹是拣底。(《景德传灯录》卷 27)

S_2：DJ 的 + 是 + M　座主礼底是什么？(同上，卷 9)

我们认为，在探讨以上“底”的来源的时候，有必要将 S_1 根据语义关系分为两类：

S_{11}：O 是 V 的　此犹是拣底。(《景德传灯录》卷 27)

S_{12}：S 是 V 的　这僧也不是瞌睡底。(《碧岩录》第 75 则)

宋代的 S_1 大多是 S_{11}，少数是 S_{12}，并且 S_{12} 中的“V”多为不及物动词。我们只在北宋惠洪的《禅林僧宝传》后附的《补禅林僧宝传·云岩新禅师》中发现 1 例“S 是 V_t 的”，并且与上述《五灯会元》的用例叙述的是同一件事情：

(118)新闻杖声忽大悟，奋起忘纳其履趋方丈，见宝觉自誉曰：天下人总是学得底，某甲是悟得底。

这种句子中“VP”是及物动词构成的动词短语，“VP 底”从理论上说既可以转指施事，也可以转指受事，并且是在对举的句式中表示比较。我们认为，用于动宾之间的上述用法可能就是从这种 S_{12} 句式演变来的。当需要同时说出动词的宾语时，有两种表达法，一种是把宾语作为话题放在句首，另一种则是放在 VP 之后。因为在这种句子中主语也是比较的对象，因此为了突出这种比较，就把宾语放在 VP 之后的位置上，从而形成了新的句式。当然这只是我们的猜测，还缺乏表现演变过程的确切的例子，因此现在只能存疑，待以后有了新的材料，才能彻底解决这个问题。元代以后这种用法有了很大的发展，详见以下几章的相关论述。

据我们考察，宋金时期还没有出现“底(的)”作为语气助词用于句末的用法，这种用法是在元代产生的。

十七、“底”用于假设复句，相当于“的话”，是语气助词

宋代开始出现作为语气助词的“底”，用例也较少，我们发现在南戏中有这样的例子：

（119）（白）吾闻张叶乃清朝举子，帝国相儒。欲要贫女做结发夫妻。（笑）有小圣底万事俱休，没小圣底我日多年。①（《张协状元》第16出）

“者”在上古汉语中可以表提示和停顿，与“而”“不”“微”“使”等配合使用表示假设语气，成为假设分句的标志。如：

（120）自今日既盟之后，郑国而不唯有礼与强可以庇民者是从，而敢有异志者，亦如之！（《左传·襄公九年》）

（121）使其主有大失于上，臣有大罪于下，索国之不亡者，不可得也。（《韩非子·孤愤》）

“者”也可用在没有其他表假设的形式标志的分句之末，表示假设的语气。如：

（122）申叔时仆，曰：“筑室反耕者，宋必听命。”从之，宋人惧。（《左传·宣公十五年》）②

这种用法直到唐代的笔记小说中还在大量使用。先秦以后的例子如：

（123）子能听吾言者，复为子陈数不见之事。（《太平经》卷46）

（124）江陵江陵王玄绍，弟孝英、子敏，兄弟三人，特相爱友，所得甘旨新异，非共聚食，必不先尝，孜孜色貌，相见如不足者。（《颜氏家训·兄弟第三》）

（125）而时愚人闻此语已，即自思念：“若不得留，要当葬者，须更杀一子，停担两头，乃可胜致。”（《百喻经·子死欲停置家中喻》）

（126）若实然者，伏原大圣文殊菩萨为我亲现真容，亲睹金颜，

---

① “我日”，钱南扬认为是“误”之音误，意谓没有小圣作合，就要耽误这么多年。见《永乐大典戏文三种校注》第89页，钱南扬校注，中华书局，1979。

② 例120、121、122引自杨伯峻、何乐士《古汉语语法及其发展》（修订本），语文出版社，2001。

即仿与而造。(《入唐求法巡礼行记·卷三》)

但是,表示假设语气的“者”和“底”的使用情况有所不同。“者”比较自由,可以单独使用,也可以与其他表假设的形式标志共现;而“底”语法化为一个表假设的语气助词,适宜的句法环境是表达两种相反或相对的状况,即具有[+对比性]的语义特征的句子。“X+底”具有低及物性特征,表现在“X+底”在句子中是背景化的,表现的是静态性质,宾语的个体性、受动性较低。这种“的”实际上也表示自指,它的作用是把前面的句法成分由表示事件转化为表示事态,并且对这种非现实事态加以确认,实际也就是假设一种事态是真的,“X+底”也就产生了[+假设性]的语义特征。在语法化的初始阶段,这种“底”必须在表示两项对比的句子中出现。这种情况一直持续到元代。[+假设性]的语义特征实际上不是“底”单独具有的,而是“底”和[+对比性]的整个句子的语义特征共同承担的。后来这种“底”的使用范围扩大了,可以出现在表层结构中没有对比成分的句子中,“底”由结构助词向表假设的语气助词的语法化才最后完成。

综上所述,宋金时期“底”的组合功能较之前代有了很大发展,出现了前代没有的“介+底(+名)”等格式,较复杂的定语也渐渐产生,但是用例还不多见。我们把宋代和金代的“底”的组合功能制成下表[①]:

表一:宋代结构助词“底(的)”的组合功能

		景	乙	程	三	碧	象	五	张	朱	总计	
名底	方位	8			1	2		17		47	75	378
	代	3		4		10	4	18	7	75	121	
	普通	10			1	8	1	31	8	100	159	
	数量	4				1		7		11	23	

① 文献依次为:《景德传灯录》《乙卯入国奏请》《河南程氏遗书》《三朝北盟会编》《碧岩录》《象山语录》《五灯会元》《张协状元》《朱子语类》。“动宾之间 a”“动宾之间 b”分别指第十六、十七种格式。

	方位	1				1		2		24	28	
	代				1	1	1	1	6	41	51	
名底名	普通			8	2	2	1	1	3	107	124	243
	数量	2				2		4		21	29	
	并列					1	1	1		8	11	
	偏正	16	2	2	1	3	4	34	10	624	696	
形底	主谓									54	54	763
	并列						4			9	13	
	偏正	16	1	13	3	7	5	28	4	923	1000	
形底名	主谓	1				2	4	1		29	36	1092
	并列					2	1			53	56	
	偏正	24		3		14	2	65	14	511	633	
	动宾	12			3	29	4	35	4	284	371	
	动补	10			1	3	3	34		159	210	
动底	主谓	12	1			9		33	1	188	244	1564
	并列	3				7		11		58	79	
	连动							1		4	5	
	所V							1		13	14	
	兼语									8	8	
	偏正	74		9	7	33	6	155	4	508	796	
	动宾	41	1	2	3	44	2	89	2	356	540	
	动补	10		1		3		13		45	72	
动底名	主谓	16	2	1	7	14	3	35		132	210	1825
	并列	7		6	1	11	3	16	1	128	173	
	连动	1				2		3		5	11	
	所V	1			1			4		12	18	
	兼语							1		4	5	
介底										11	11	

介底名	1				2		3		11	17
成底							4		36	40
成底名	3		2		12	3	15		126	161
多定底名	1			2	3	2	2		45	55
复句底									16	16
复句底名									21	21
X 底动/形	2			1		1	2		96	100
动宾之间 a								1		1
动宾之间 b							1			1

表二：金代结构助词“底（的）”的组合功能

		刘知远诸宫调	董解元西厢记	总计	
名底	代		3	3	5
	数量		2	2	
名底名	方位		6	6	33
	代		1	1	
	普通		23	23	
	数量		2	2	
	重叠		1	1	
形底	偏正	1	11	12	13
	主谓	1		1	
形底名			73	73	73
动底	偏正	5	15	20	35
	动宾	1	10	11	
	动补		2	2	
	并列	1	1	2	

动底名	偏正	3	30	33	61
	动宾	5	11	16	
	动补		5	5	
	主谓	2	4	6	
	并列	1		1	
介底名			1	1	1

比较五代《祖堂集》、宋代和金代的定语，宋代除了出现介词、成语/引语、多项定语、复句做定语的新现象之外，名词、形容词和动词做定语的情况也有了变化。三个时期中三种定语所占的比例如下表：

表三：五代时期、宋代和金代以“底”字为标记的名词、形容词、动词做定语的比例

	名词性定语	形容词性定语	动词性定语
五代	4%	4%	92%
宋代	7%	35%	58%
金代	20%	44%	36%

从结构助词“底”产生之初的五代时期，到得到充分发展的宋金时期，以“底”为标记的定中短语中不同词性的定语所占的比例有这样的趋势：名词性定语和形容词性定语逐渐增多，动词性定语所占比例相应减少。这说明名词和形容词充当定语时使用标记的现象大大增加了。

第二节 “底(的)”字结构的句法功能

从我们考察的几种文献来看,宋代“X 底/的”的句法功能已经很完备了,在句中可以做定语、主语、动词宾语、介词宾语、兼语、主谓谓语句的大主语和小主语、复句的分句,还有少量的做谓语、呼语,甚至可以独立成句。

一、“X 底/的”做定语

这是最常见的用法,这从第一节的统计也可以看出来。X 可以是名词、形容词、动词、介词结构、成语、引语,也可以是复句。

从“X 底/的”做定语的情况来看,北宋的文献中定语一般都比较简单,而到了南宋的《朱子语类》,定语的情况就很复杂了。在祝敏彻(1982)的统计中,没有将它列入与复句形式组合的一类,因此李崇兴(1999)得出结论:在元代以前的文献中,“的”字结构一般是由单个的词或简单的短语构成的,像《元典章·刑部》中那样由复句形式构成的“的”字结构简直看不到。实际上,《朱子语类》中有为数不少的“复句+底”做定语的例子(21 例),这说明南宋时期的定中结构已经复杂化了,也出现了多层次的定语,但数量上还不算很多。如:

(1)只是才知得这是个不是底心,只这知得不是底心底心,便是是底心。(《朱子语类》卷 17)

(2)见面前只是理,觉如水到船浮,不至有甚悭涩;而夫子与点之意,颜子乐底意,漆雕开信底意,《中庸》鸢飞鱼跃底意,周子洒落及程子活泼泼底意,觉见都在面前,真个是如此!(同上,卷 117)

(3)渠云,曾得王辅嗣亲手与韩康伯注底《易》本,“鹿”作“麓”,“以从禽”上有“何”字。(同上,卷 70)

二、"X 底/的"做主语

这也是"X 底/的"的主要句法功能之一。除了做一般句子的主语外,它还可以做主谓谓语句的大主语或小主语。如:

(4) 山中石头大底大小底小。(《景德传灯录卷 24・道诠禅师》)

(5) 僧云:"不恁么来底师还接否?"(同上,卷 10・赵州从谂)

三、"X 底/的"做宾语

"X 底/的"在句中做宾语也很常见,不但可以做动词的宾语,也可以做介词的宾语。后者的例子如:

(6) 年来为不了事底,方习得稍不喜,见退淡底人,只一向起发它。(《象山语录》卷下)

(7) 谁想有今辰,共别的待展纹裀。(《古本董解元西厢记》卷 7)

四、"X 底/的"做兼语

"X 底/的"在句中做兼语,数量较少。如:

(8) 师曰:"大有灵利底过于阇梨。"(《景德传灯录卷18・鹅湖智孚禅师》)

(9)(末)如今要过五矶山,怕有剪径底劫掠人,厮赶去。(《张协状元》第 8 出)

五、"X 底/的"做分句

"X 底/的"做复句的分句,用例也不多。如:

(10) 假饶收拾得底,还当诸人行脚事么?(《景德传灯录卷 18・长庆慧冰禅师》)

(11) 若是深入阃奥,彻骨彻髓见得透底,盘山一场败缺;若承言会宗,左转右转底,盘山只得一橛。(《碧岩录》卷 4)

六、"X 底/的"做谓语

这种用法较少,其中有的是状态形容词的词尾,相当于"的$_2$"。

我们只在《张协状元》中发现了 4 例。如:

(12)(丑)我便问他:贫女姐姐,你又恁地孤孤单单,我恁地白白净净底。(第 11 出)

(13)(净使棒介)这个山上棒,这个山下棒,这个船上棒,这个水底棒。这个你吃底。(末)甚棒?(第 8 出)

七、"X 底/的"做呼语

这种用法也不多见,《张协状元》中有 2 例:

(14)(白)看的,世上万般俱下品,思量惟有读书高。(第 1 出)

(15)(末出)看底,莫道水性从来无定准。这头方了那头园。(第 32 出)

一部分"VP 底"已经凝固成对特定的人物的称谓,如上面的两例。

我们统计了《景德传灯录》等 9 部宋代文献中"X 底/的"在句中担任各种句法成分的情况,具体如下表所示:

句法功能＼文献	景德	乙卯	程氏	会编	碧岩	象山	五灯	张协	董	总计	%
定语	174	5	42	27	143	32	376	20	156	975	62
主语	39	1	2	3	47	14	117	17	31	271	17
宾语	45	1	6	3	27	6	135	17	7	247	16
大主语	2						1		2	5	5
小主语	2				2		4			8	
兼语	2					1	6	2	1	12	
分句	1		1	1	4		3			10	
介宾					1	2	6		1	10	
独立成句					3		28	3	2	36	
谓语								4		4	
呼语								2		2	

郭锐(2000)认为现代汉语中的“X的”是饰词性的、修饰性的,主宾语位置上的“X的”是修饰性成分的零标记转指,在句法上相当于一个NP,在词汇层面上仍是饰词性的。正因为“X的”是饰词性成分,做定语是“本职”功能,属无标记的关联,比例自然高于有标记关联的主宾语。而据李艳(1997)、金慧玲(1997),现代汉语书面语中“X的”做主语占1%,做宾语占4%,做定语占93%;口语中分别为6%、18%、67%。比较宋代与现代汉语“X的”的句法功能,宋代“X的”做主宾语的比例要高于现代汉语书面语,相应的,做定语的比例则比现代汉语书面语低。

总之,“X底/的”的句法功能在宋代已经很完备,主要做定语、主语和宾语,其中做定语的占了一半多。做其他成分的功能也渐渐出现,但使用频率较低。

第三节 “底(的)”表自指和转指的功能

“自指”和“转指”的概念最初是朱德熙(1983)提出来的,主要针对的是汉语谓词性成分的名词化。但该文同时也指出,表示转指的“的”有两方面的功能,除了语法功能的转化,即名词化以外,还有语义功能的转化:名词性成分加上“的”以后,就变成了另一个名词性成分,语法功能没变,可是语义功能变了。而宋代的名词性成分和谓词性成分加“的”都有自指和转指两方面的功能。关于“名词性成分+底”表示转指的功能在第一节对“名+底”的组合功能的考察中已经涉及,本节的讨论就在“名词性成分+底/的”的自指功能和“谓词性成分+底/的”的自指和转指两个方面展开。

一、“名词性成分+底/的”表示自指

唐五代的“名词性成分+底/的”都表示转指意义,只有“谓词

性成分 + 底/的”有表示自指意义的用法。到了宋代，“名词性成分 + 底/的”也有了自指用法，在句中做主语，根据谓语的不同，可分为两类。

1. 形容词谓语句

谓语都是“是”。如：

（1）如今人多去作情解道，遍身底不是，通身底是，只管咬他古人言句，于古人言下死了。（《碧岩录》卷 9）

（2）既不击碎，必增瑕类，便见漏逗，毕竟是作么生得是？（同上）

（3）且道山僧底是，雪窦底是？（同上）

（4）诸人且道，老汉底是，五云底是？（《五灯会元卷 16 · 五云悟禅师》）

（5）所谓心者，是指个潜天潜地底说，还只是中间一块肉底是？（《朱子语类 · 卷 61》）

2. 非形容词谓语句

都出现在南戏中。如：

（6）你交副末底取员梦先生来员这梦看。（《张协状元》第 2 出）

（7）（净）媳妇拜告相公知：这贫女底，（合）从幼来在庙中，旦夕里是我周济。（同上，第 45 出）

（8）（净出）看官底各人两贯酒钱。（同上，第 52 出）

汉语中的“NP 底”可以转指领有物或用某材料制成的物品等，但这里的“NP 底”并不是表示转指，而是指称 NP 本身。NP 做主语是其最主要的语法功能之一，没有再加上名词化或指称化的标记的必要。考其来源，古汉语中有用于名词性成分之后表示自指的“者”，但是这种“NP 者$_s$”的出现有特定的语法位置，用于判断句的主语或者“有 NP 者$_s$”这样的格式中。朱德熙（1983）就指出了“者”的自指功能。如：

（9）虎者戾虫，人者甘饵也。（《战国策 · 秦策二》）

（10）有颜回者好学。（《论语 · 雍也》）

到唐代的笔记小说中，这种表自指的“NP 者$_s$”很常见。如：

(11)景生者，河中猗氏人也，素精于经籍，授胄子数十人。(《玄怪录》)

(12)元和中，江淮有唐山人者，涉猎史传，好道，常游名山。(《酉阳杂俎》)

同时，“NP 者$_s$”所能占据的语法位置范围扩大，不限于判断句的主语和“有 NP 者$_s$”，而是可以较自由地出现在主语位置上。如：

(13)“噫”声未息，身坐故处，道士者亦在其前，初五更矣。(《玄怪录》)

(14)姨夫者自宣阳走马来，则已苏矣，其仆不知觉也。(同上)

(15)乃往扬州，入北邸，而王老者方当肆陈药。(《续玄怪录》)

(16)郭缘生《述征记》云：“峄山在下邳西北，多生梧桐，则《禹贡》峄阳下邳者是也。”(《封氏闻见记》)

还可以出现在宾语位置上。如：

(17)天后末，御史大夫李嗣真密求之不得，一旦秋爽，闻砧声者在今弩营，是当时英公宅。(《独异志》)

(18)又指一从事王生者，曰：“此先忌马厄。”(同上)

(19)今夕，乡人之女并为游宴者，到是，醉妾此室，共锁而去，以适于将军者也。(《玄怪录》)

我们认为，宋代表自指的“NP 底$_s$”应该是受到唐代以来的这种“NP 者$_s$”用法的影响而产生的。

二、谓词性成分＋底/的

1. 表示自指

A.“谓词性成分＋底$_s$”做主语

第一种情况，出现在形容词谓语句中。

这是直接继承了《祖堂集》的用法，但是谓词性成分较之《祖堂集》中的复杂化了，“VP”除了动词和动词性偏正结构，还出现了主谓结构、动宾结构、并列结构等，谓语也不限于“是”。如：

(20)有老宿问："月中断井索，时人唤作蛇。未审七师见佛唤作什么？"师曰："若有佛见，即同众生。"法眼别云："此是什么时节问？"法灯别云："唤底不是。"(《景德传灯录卷11·京兆米和尚》)

(21)"遍身是通身是"，若道背手摸枕子底便是，以手摸身底便是，若作恁么见解，尽向鬼窟里作活计，毕竟遍身通身都不是，若要以情识去见他大悲话，直是犹较十万里。(《碧岩录》卷九)

(22)且道遍身是底是，通身是底是？(《碧岩录》卷9)

(23)曰："以琮观之，不如观己底稳贴。"(《朱子语类》卷26)

第二种情况，出现在判断句中。

"X 底$_s$"做判断句的主语，与"底$_s$"组合的有谓词性成分，还有引语。从语义上来看，"X 底$_s$"多数是作为一个整体的概念，谓语多数是解释性的。如：

(24)便做九分九厘九毫要为善，只那一毫不要为底，便是自欺，便是意不实矣。(《朱子语类》卷18)

(25)如"敛时五福，用敷锡厥庶民"，敛底，即是尽得这五事。(《朱子语类》卷79)

(26)"克伐怨欲不行"底，则是忍著在内，但不放出耳。(《朱子语类》卷44)

这种"底"显然也是替换了文言中的"者"。《朱子语类》中的以下例子很能说明问题：

(27)观此，可见"克己"者是从根源上一刀两断，便斩绝了，更不复萌；"不行"底只是禁制它不要出来，它那欲为之心未尝忘也。(《朱子语类》卷44)

同样的位置前者用"者"，后者用"底"，可见"底"的这种用法与"者"相同。

也有谓语不是解释性的判断句。如：

(28)闻左右迩来亦忙，只遮著忙底，便是腊月三十日消息也。(《大慧普觉禅师书》)

(29)学问，就自家身己上切要处理会方是，那读书底已是第二义。(《朱子语类》卷10)

(30)如迁善远罪,真个是远罪,有勉强做底便是不至。(《朱子语类》卷23)

(31)鲁是质朴浑厚意思,只是钝;不及底恰似一个物事欠了些子。(《朱子语类》卷39)

(32)只改底便是善了。(《朱子语类》卷63)

B.“谓词性成分+底$_s$”做宾语

大多是做判断句中“是”的宾语,解释主语所指的内涵。如:

(33)自暴,是非毁道理底,自弃,是自放弃底。(《朱子语类》卷56)

(34)“穷神知化”,化,是逐些子挨将去底。(《朱子语类》卷76)

(35)思,是硬要自去做底;学是依这本子去做,便要小着心,随顺个事理去做。(《朱子语类》卷45)

(36)明德在人,非是从外面请人来底。(《朱子语类》卷14)

(37)曰:“只是一个道理,发出来偏于爱底些子,便是仁;偏于严底些子,便是义。”(《朱子语类》卷56)

C.“X底$_s$”单独成句

这种例子很少,我们只在《景德传灯录》和《五灯会元》中发现了两个类似的例子,前者的例子是:

(38)又曰:“吾教意犹如毒涂鼓,击一声远近闻者皆丧,亦云俱死,此是第三段义。”时小严上坐问:“如何是毒涂鼓?”师以两手按膝亚身曰:“韩信临朝底。”(《景德传灯录卷16·岩头全豁禅师》)

这里与“底”组合的是一个主谓短语,没有句法空位,“底”也不可能表示转指意义。从上下文语义来看,“韩信临朝底”是指“韩信临朝”的这样一种情形,“底”表示自指。

从宋代“谓词性成分+底/的”表示自指的用法来看,很多例子只出现于书面语色彩较浓的《朱子语类》。到底在当时的口语中有无这种用法,如果有,出现的频率如何,依然是问题。我们推测,这种用法的口语性较差,在当时一般人的语言中可能不常见。

2.表示转指

“形容词性成分+底/的”表示转指的情况较为单纯,一般都是转指具有某种性质或状态的事物，因此我们这里只讨论"动词性成分+底/的"的转指情况。

唐五代时期，"动词性成分+底/的"转指的语义角色有施事(包括施事、感事、主事)、受事(包括受事、对象、系事)和结果。到了宋代，这种情况仍然是主流。除此之外，还出现了转指工具、方式、处所、原因、根据和内容的用法。这说明宋代的"VP底"表示转指的功能已经有了很大的发展。有一些转指的功能在现代汉语中已经消失，如下面所举的转指原因、根据和内容的例子，还有转指工具的一些例子，在现代汉语中都是不合法的。

A. 转指施事

(39)曰："什么人消得？"师曰："著衣吃饭<u>底</u>消得。"(《景德传灯录卷28·镇州临济义玄和尚》)

B. 转指感事

充当"VP底"的有"不疑底、不会底、未识底、机境不忘底、辨得底、不知底、会底、悟得底、了得底、知有底、不会禅底、为山僧忏悔底、无师自悟底、知心底、不甘底、只悟得干萝卜头底、烦恼底、不了事底、不理会得底"等。如：

(40)初上堂日，方升座，敛衣乃曰："珍重！"少顷又曰："未识<u>底</u>近前来。"(《景德传灯录卷17·罗山道闲禅师》)

C. 转指主事

充当"VP底"的有"长底、减底、有智慧底、有气力底、有踪迹底、病底、不病底、无语底、不生不灭底、同死同生底、眼皮绽底、活底、死底、是作家底、是知音底、瞌睡底、遍身是底、通身是底、同得同征同死同生底、名邈得底、具眼底、有相底、无相底、具透关眼底、降生底、堪作梁底、堪作柱底、有眼底、无罪底、具参学眼底、无鼻孔底、无根底、以行脚为事底、没妻底、亏输底、得胜底、风的、中暑底、姓张底、姓李底"等。如下例是以内容转指事物：

(41)臣括答云："萧琳雅持来劄子内，天池子并无一件文字照据，鸿和尔大山只引著两件照据，一件楼板寨南侧为界<u>底</u>，前日已咨闻，全没交涉；一件称顺义军曾牒代州，待于鸿和尔大山一带巡

边,令代州告示人户知委。……”(《乙卯入国奏请》)

D. 转指受事

(42)师曰:“还有劈不破底也无?”(《景德传灯录卷21·泉州招庆院道匡禅师》)

E. 转指对象

充当“VP底”的有“思底、反思底、不思量底、记持得底、拣辨得底、闻底、怕的、参得底、不会底、悟得底”等。如:

(43)[中吕调][碧牡丹]怕的是:月儿明,夫人劣,狗儿恶。(《古本董解元西厢记》卷4)

F. 转指系事

充当“VP底”的有“见底、做底、该不尽底、所得底、没底、无所知底、有这般意思底”等。如:

(44)出不出、住不住即且置,敢问诸人做底是甚麽佛?(《五灯会元卷18·雪峰慧空禅师》)

(45)近取诸身,一身之上,百理具备,甚物是没底?(《河南程氏遗书》卷第二下)

G. 转指结果

充当“VP底”的除了“说、道、念”等言说动词外,还出现了“写、画、做、生、发”等动作动词。如:

(46)通曰:“写底是字,那个是经?”(《五灯会元卷18·谏议彭汝霖居士》)

(47)此身在天地间,便是理与气凝聚底。(《朱子语类》卷3)

H. 转指工具

充当“VP底”的有“用底、用以揲蓍底”等。如:

(48)岁旦,上堂,举拂子曰:“岁朝把笔,万事皆吉。忽有个汉出来道:和尚,这个是三家村里保正书门底,为甚麽将来华王座上当作宗乘?只向他道,牛进千头,马入百疋。”(《五灯会元卷16·净慈道昌禅师》)

陆俭明(1983)指出,现代汉语中“的”字结构转指工具有四种格式:(1)动词+的。条件是动词能带工具宾语。这种格式只见于

"是"字句中,而且多半是充任"是"字句的主语。(2)动词+宾语+的。条件是宾语本身不是工具宾语。(3)用来+动词+(宾语)+的。(4)动词+(宾语)+用+的。如果宾语不出现,动词只能是双音节的,不能是单音节的。从较早出现的转指工具的"VP底"的情况来看,第1和第3两种格式出现较早,动词都是能带工具宾语的"用""书"等,出现于"是"字句中,做宾语。

I. 转指方式

充当"VP底"的有"用底"等。如:

(49)上堂:"开口是,合口是,眼下无妨更著鼻。开口错,合口错,眼与鼻孔都拈却。佛也打,祖也打,真人面前不说假。佛也安,祖也安,衲僧肚皮似海宽。此乃一出一入,半合半开,是山僧寻常用底。敢问诸禅德,刹竿因甚麽头指天?力士何故揎起拳?"(《五灯会元卷16·智海本逸禅师》)

(50)臣愿得数万斤金以间疏楚君臣,这便是商鞅说孝公底一般。他知得高祖决不能不嫚侮以求廉节之士,但直说他,则恐未必便从,故且将去吓他一吓,等他不从后,却说之,此政与商鞅之术同。(《朱子语类》卷134)

J. 转指处所

充当"VP底"的有"著万卷书底"等。如:

(51)源登座,问答已,乃曰:"诸仁者,只如龙图平日读万卷书,如水传器,涓滴不遗。且道寻常著在甚麽处?而今舍识之後,这著万卷书底,又却向甚麽处著?"(《五灯会元卷19·枢密徐俯居士》)

K. 转指原因

充当"VP底"的是"所以然底"。如:

(52)天下万物当然之则,便是理;所以然底,便是原头处。(《朱子语类》卷117)

L. 转指根据

充当"VP底"的是"所以去取底"。如:

(53)今《集注》只是就那上删来,但人不着心,守见成说,只草草看了。今试将《精义》来参看一两段,所以去取底是如何,便自见

得。(《朱子语类》卷120)

M. 以内容转指事物

(54)大抵今之为学者有二病,一种只当下便是底,一种便是如公平日所习底。(《朱子语类》卷124)

第四节 小 结

宋代的结构助词“底(的)”的组合功能与唐五代时期相比有了很大的发展。从定语类型来看,出现了名词性定语、介词结构、成语/引语、复句等定语,还有较复杂的多项、多层次的定语。“名+底+名”在宋初的文献《景德传灯录》中就已经出现。名词性定语与中心语的关系类型多样。其中表领属关系的定语有占有领属、处所领属、时间领属、整体—部分领属、称谓领属(包括亲属称谓和社会关系称谓)、器官领属、观念领属、属性领属、特征领属、结果领属、状况领属、事业领属;表属性关系的定语和中心语之间的关系有分数关系、特性关系、特征关系、数量关系、相关关系、同一关系、比喻关系。动词性定语的类型也很丰富,几乎所有类型的动词性短语都能与“底”组合。类似现代汉语的“我是昨天进的城”“开他的玩笑”的格式也已经出现,但都很少见。而用于句末的语气词“底(的)”还没有出现。

结构助词“底(的)”的句法功能也迅速完备起来了。“X底”的主要句法功能是做定语、主语和宾语。做其他成分的功能也渐渐出现,但使用频率较低。

“名词性成分+底”表示转指时,多数是转指这一名词性成分所领有的事物,名词性成分是有指的;少数转指具有这一名词性成分所表示的某种属性的事物,或与之相关的事物,名词性成分是无指的

(相关关系的除外)。转指具有领属关系的事物时,既可以转指具有可以让渡的领属关系(占有关系、处所关系、时间关系)的事物,也可以转指具有不可让渡的领属关系(器官领属、观念领属、属性领属)的事物。转指具有属性关系的事物时,可以是分数关系、特性关系、特征关系、数量关系和相关关系,而表示相关关系的"$名_1$ + 的 + $名_2$"在现代汉语中一般是不能用"$名_1$ + 的"来转指"$名_2$"的。简单地说,宋代"名词性成分 + 底"代替中心词的用法是比较自由的,只要根据语境能够理解所代替的对象,就都可以省略中心语。

"名词性成分 + 底"表示自指的功能是宋代新兴的现象,在句中做主语,其来源受唐代以来的功能扩大了的古汉语中用于自指的"NP 者"中的"$者_s$"的影响。

表示自指的"VP $底_s$"可以做主语和宾语,继承并发展了《祖堂集》中的"VP $底_s$"的功能。表示转指的"VP $底_t$"转指施事(包括施事、感事、主事)、受事(包括受事、对象、系事)、结果仍然是其主要功能。除此之外,还出现了转指工具、方式、处所、原因、根据和内容的用法。

宋代"底(的)"的各种功能都有很大的发展,但是与其功能部分相当的前代的"之""者""所"等,还有定语和中心语之间的零标记现象,都还占有一定的比例。我们调查了宋初的《景德传灯录》(1004 年)第 10—18 卷和南宋朱熹(1130—1200)的《朱子语类》第 113—121 卷(即"训门人"部分),这两个部分都是约 15 万字的篇幅,其中"底(的)""之""者""所"以及零标记定语的情况如下表所示:

表一:有标记修饰语和无标记修饰语的情况

	名词性修饰语			形容词性修饰语			动词性修饰语		
	无标记	有标记		无标记	有标记		无标记	有标记	
		之	底		之	底		之	底
景德	463	138	1	59	12	7	135	92	55
朱子	392	370	9	89	64	55	82	222	102

表二:表转指的"底""者""所"的情况

	名词		形容词		动词					
	者	底	者	底	者	底	所			
							所V	所V者/底	所VO	所V之O
景德	10	10	12	3	164	28	87	4	15	3
朱子	6	45	45	74	210	120	189	57	62	19

宋初名词性修饰语和中心语之间仍以零标记为常,有标记的则多加"之","底"只占很小的比例。形容词性修饰语在宋初多不加标记;到了南宋,加标记的表达超过了不加标记的表达,其中用"之"与用"底"的频率大致相当。动词性修饰语在宋初加标记与不加标记的频率大致相同;到了南宋,加标记的用法则大大超过了不加标记的用法,其中以"底"为标记的频率约占一半。可以看到,结构助词"之"在宋代还有一定的生命力。

在转指标记方面,从宋初到南宋,名词性成分的转指标记"底"从与"者"平分秋色发展到占总数的88%左右,有了很大发展;形容词性成分之后也从以"者"为主发展到"底"超过了"者"的出现频率;动词性成分前后则大部分还是旧标记"者""所"的天下,但从宋初到南宋"底"也有缓慢的发展:从占总数的9%发展到占18%左右。总之,新转指标记"底"到了南宋时期,在名词性成分和形容词性成分之后都超过了旧标记"者",而在动词性成分前后还是以旧标记"者""所"为主。

第三章

元代的结构助词“的(底)”

第一节 “的(底)”的组合功能

元代的文献资料中,我们主要考察了《新校元刊杂剧三十种》(以下简称《杂剧》)《原本老乞大》,南戏《小孙屠》和《宦门子弟错立身》(以下简称《错立身》),《西厢记》《元本琵琶记校注》①《新编五代史平话》(以下简称《五代史平话》)《元代白话碑集录》(以下简称《白话碑》)《元典章·刑部》和《近代汉语语法资料汇编》(元明卷)中的《杀狗劝夫》《孝经直解》《鲁斋遗书》等语料。这些语料中,《白话碑》《元典章·刑部》《孝经直解》等为受蒙古语影响的直译体文献,其中“的”的性质与其他文献有所不同,在研究中我们将对它们加以区别。

元代用于体词性结构的结构助词写做“的”的已经占了绝大部分,少数写做“底”。元代中叶开始,结构助词“底”就通常写做“的”了。此外,还有极少数“地”“得”用于体词性结构的现象。如:

(1)从那岭腰分路入这小路上去,那树林深处见一个小小地庄舍。(《五代史平话·梁史平话卷上》)

(2)那人每根底招伏得文字要了。(《元典章·刑部》)

元代“的(底)”的组合功能与宋代相比,有一些发展和变化。“名+的(底)+名”格式成为常见的组合形式;定语的类型有所减少;介词结构做定语的现象未见;多项定语组成的较长的复杂定语比宋代有了进一步发展(这种现象多见于直译体文献)。具体情况

---

① 《琵琶记》没有元代的版本流传,现在的版本可能经过了明代的改造。蒋绍愚(1994)《近代汉语研究概况》(北京大学出版社)第28页指出它反映元末明初的语言,这里将《琵琶记》作为参考文献。

如下：

一、名＋的

1. 领属关系

A. 可以让渡的领属关系

这类情况与宋代的情况基本相同，有占有领属、处所领属（处所—本体关系）、时间领属（时间—本体关系）。如：

（1）俺的是新罗参。（《原本老乞大》20 左：09）

（2）无奈那雀儿成群结队价来偷吃谷粟，才赶得东边的去，又向西边来吃。（《五代史平话·周史平话卷上》）

（3）这里头赦前的也有，革后的也有。（《元典章·刑部》）

还有较为特殊的就是所代替的中心语是表示抽象概念的“天下”难以归入现有的小类，我们暂时归入处所关系（本体—处所关系）。如：

（4）这三个分了他的天下。曹操篡夺献帝的，立国号曰“魏”。（《五代史平话·梁史平话卷上》）

这里的抽象名词中心语之所以可以省略，也是因为在上文中已经出现，语义联想难度较低的原因。

值得注意的是，在元代的一些直译体的文献中，某些表示占有领属的“名＋的”的语序受蒙古文原文的影响，位于中心语之后。如：

（5）令旨俺的。（《白话碑·1276 年龙门禹王庙令旨碑》）

（6）但属寺家的水土、园林、碾磨、店铺席、解典库、浴堂，不拣甚么物件他的，不以是谁休夺扯要者，休使气力者。（《白话碑·1314 年荥阳洞林寺圣旨碑（七）》）

而在其他反映口语的文献中则没有发现这种现象。“中心语＋修饰语”语序是蒙古语这种 SOV 型语言的语序，而汉语的正常语序则是“修饰语＋中心语”，因此比较难以进入当时的口语中。

B. 不可让渡的领属关系

唐宋时期存在的表示器官领属、观念领属、属性领属的现象都

消失了,但是又出现了表示称谓领属的用法。如:

(7)[驻马听]你贪着个断简残编,恭俭温良好缱绻;我贪着个轻弓短箭,粗豪勇猛恶因缘!……您的管梦回酒醒颂诗篇,俺的敢灯昏人静夸征战。(《杂剧·闺怨佳人拜月亭》)

与上述占有领属的情况类似,直译体文献中表示称谓领属、状况领属的某些"名+的"也位于中心语之后。如:

(8)十岁以下,或女孩儿、或驱人他的有呵,断事的札鲁花赤斟酌断没者。(《元典章·刑部》)

(9)不拣甚么的对证的合问的勾当每他每的若有呵,脱因纳、长寿、答失帖木儿、伯颜、买住、帖童等都护府的官人每管着。(《元典章·刑部》)

这些都是与前代和现代汉语不同的现象,但在非直译体文献中未见,因此它也不反映当时的口语,是受蒙古语原文影响而出现的。相应的,例8有语序正常的说法。如:

(10)九个头口无呵,他的女孩儿、驱人断没。(《元典章·刑部》)

2. 属性关系

唐宋时期的文献材料中,"的"表示分数关系的情况消失了,大部分是表示特性关系、特征关系、数量关系和相关关系,此外还出现了前代没有的质料关系。

A. 特性关系

(11)轻罪过的,您依体例了者。(《元典章·刑部》)

(12)委是好眼的,故意擗掠得眼歹的人每,寻出来呵,要罪过者。(同上)

B. 特征关系

(13)[末]有甚颜色的?(《琵琶记·第10出》)

C. 数量关系

(14)十一综的是上等好布,三定半,没商量。(《原本老乞大》36右:02)

(15)朱五经有三个的儿子,第一的名做全昱,第二的名做存,

第三的名做温。(《五代史平话·梁史平话卷上》)

D. 相关关系

(16)这一章说庶民百姓的。(《孝经直解》)

E. 质料关系

(17)这箭竿是竹子的,这的是木头的。(《原本老乞大》28 左:02)

(18)[同前](旦)人非土木的,不敢忘恩义。(《小孙屠》第 4 出)

二、名+的+名

1. 领属关系

A. 可以让渡的领属关系

与宋代相同的有占有领属、处所领属(处所—本体关系)、时间领属(时间—本体关系),不同的是元代又出现了成员领属。如:

(19)[天下乐]首领每去解了你的绦,祗侯人当了你的袍,我把他牛马般吃一顿拷。(《杂剧·岳孔目借铁拐李还魂》)

(20)九尺躯阴云里惹大,三缕髯把玉带垂过,正是俺荆州里的二哥哥。(《杂剧·关张双赴西蜀梦》)

(21)小姐你性儿忒惯得娇了;有前日的心,那得今日的心来?(《西厢记·第 3 本·第 2 折》)

(22)军站差役不拣甚么的对证的合问的勾当每他每的若有呵,脱因纳、长寿、答失帖木儿、伯颜、买住、帖童等都护府的官人每管着。(《元典章·刑部》)

B. 不可让渡的领属关系

与宋代相同的是有称谓领属(包括亲属称谓和社会关系称谓)、器官领属、观念领属、属性领属、特征领属、结果领属、状况领属,此外还出现了处所领属(本体—处所关系)和成果领属。元代中心语表示抽象概念的现象增多,除了分别归入以上表示抽象概念的领属关系以外,我们把不好归类的都归入状况领属。如:

(23)兀的是俺亲爷的恶党,休把您这妻儿怨畅。(《杂剧·闺

怨佳人拜月亭》)

(24)[净]老贼,我若没有这般孝顺的媳妇会摆布,可不把我的肝肠也饿断了?(《琵琶记·第11出》)

(25)(带云)猜着我师父的意。(《杂剧·马丹阳三度任风子》)

(26)近有相识人来说,马的价钱这其间也好。(《原本老乞大》03右:05)

(27)(红云)俺姐姐天生的一个夫人的样儿。(《西厢记·第4折》)

(28)我的学艺他会,他的学艺我不会。(《杂剧·诸葛亮博望烧屯》)

(29)他每的罪过,教配役流远的,上位识者。(《元典章·刑部》)

(30)及归赵,赵王以相如做上卿,位在廉颇的上。(《五代史平话·周史平话卷下》)

(31)如何一首别人的诗,倒使不得起来?(《琵琶记·第10出》)

2. 属性关系

与宋代相同的有特性关系、特征关系、数量关系(包括计数—本体关系和计量—本体关系)、相关关系、比喻关系(包括喻体—本体关系和本体—喻体关系),此外还出现了同位关系和内容—本体关系。如:

(32)子是个春申君不必头搭接,下吏难消令故牒,交个正一品的公孙弘到茅舍。(《杂剧·死生交范张鸡黍》)

(33)早辞了白发的爷娘,割舍了青春配偶。(《杂剧·陈季卿悟道竹叶舟》)

(34)我则是个五岁儿精灵,他是几年的老鬼。(《杂剧·诸宫调风月紫云亭》)

(35)你疾快做著五个人的饭者。(《原本老乞大》06右:09)

(36)且说话说里怎生说冯异的事?(《五代史平话·唐史平话卷下》)

(37)莺莺呵,你嫁个油炸猢狲的丈夫;红娘呵,你伏侍个烟薰猫儿的姐夫;张生呵,你撞着个水浸老鼠的姨夫。(《西厢记·第5本·第4折》)

(38)我不比游荡轻薄子,轻夫妇的琴瑟,拆鸾凤的雄雌。(《西厢记·第5本·第2折》)

(39)蔡邕过来,我出天下八个省名的谜儿与你猜。(《琵琶记·第8出》)

同位关系的两个名词之间一般不加"的",而在《新编五代史平话》中则有一些相反的现象。如:

(40)李骧腐儒,离间咱的父子!(《周史平话卷上》)

(41)且说梁、唐、晋、汉、周的五代,共得五十六年,大都有十二代人君。(《周史平话卷下》)

数量词和序数词与中心语之间一般也不能加"的",但《新编五代史平话》中却有这样的例子。如:

(42)只因袁天纲写下了这两句谶了,直到大唐第一十八个的皇帝,唤做僖宗皇帝,小名做儇,在后改名做俨,是僖宗皇帝的第五个儿子,初封晋王。(《梁史平话卷上》)

(43)朱五经有三个的儿子,第一的名做全昱,第二的名做存,第三的名做温。(《梁史平话卷上》)

上述两种例子在元代也不多见,应该看做是特殊的现象。

两个名词并列做定语时,前一个名词加"的"之后省略中心语,说明"的"确实是后附性质的。如:

(44)释迦牟尼佛係当中间里安置;老君底、孔夫子底像左右安置。(《白话碑·1280年虚仙飞泉观碑(二)》)

现代汉语里,指示代词在人称代词之后时,前面一般不用"的"。如只说"我这本书""他那爱人"就可以了,如说成"我的这本书""他的那爱人",则是强调"谁的"或者与其他作对比①。元代出现的另一个新现象就是人称代词和指示代词之间加"的",多见

① 见香坂顺一(1992):《水浒词汇研究(虚词部分)》,第423页,文津出版社。

于直译体文献。如：

(45)将这两件儿先父母根底行呵，四海百姓把我的这德行教道做体例的一般行有。(《孝经直解》)

(46)俺底这圣旨，这般宣谕了呵；别了在前断定底言语。(《白话碑·1280年虚仙飞泉观碑(二)》)

元代白话碑中名词性修饰语和中心语之间的“根底”的语法功能相当于领格助词，但这种“根底”只能用于名词领属性修饰语之后，用例很少，还多少保留着后置词的特点，还不能算做真正的结构助词。如：

(47)和尚根底寺，也立乔大师根底胡木剌，先生根底观院，达失蛮根底蜜昔吉，那的每引头儿拜天底人，不得俗人搔扰，不拣甚麽差发休交出者。(《白话碑·1238年凤翔长春观公据碑》)

后置词“根底”之前甚至也可以加上“的”，说明人们可能已经将这个外来的后置词看做有具体意义的实词了。如：

(48)更这张德璘、梁道成的根底，圣旨与了也。(《白话碑·1324年泰山东岳庙圣旨碑》)

有的“名+的+名”结构的两个名词之间不是一般的领属关系或属性关系，而是一种支配关系。如：

(49)(外末云)我的酒醉了，有我两兄弟扶我家去，你谁采。(《杀狗劝夫》)

“我的酒醉了”相当于“我喝酒喝醉了”，由于元代还没有出现动词拷贝结构，而由于动补结构的发展，动词和补语之间也不能再插入宾语，现代汉语的“他的篮球打得好”的表达方式也还没有出现，于是就采用了这样一种过渡性质的表达方法，“我的酒”中的定语也是伪定语，与一般的定语和中心语的关系不同。这种表达的生命力并不强，在动词拷贝结构出现以后就渐渐消失了。

三、形+的

与宋代的情况相同，元代与结构助词“的”组合的形容词性成分有性质形容词、状态形容词、形容词性偏正结构、并列结构，还有形容词做谓语的主谓结构。状态形容词的名词化现象从五代时期到宋代都存在，到了元代，也有零星的用例，但很少见。如：

(50)颠不剌的见了万千，似这般可喜娘的庞儿罕曾见。(《西厢记·第1本·第1折》)

(51)[外]孩儿，春闱里纷纷的都是大儒，难道是没爹娘的方去求试？(《琵琶记·第4出》)

宋代的"底"还用于比况性短语之后，也是名词化的标记，元代则没有发现这种用法，只有用于比较短语之后的现象。如：

(52)孝的勾当都无大似父亲的。(《孝经直解》)

元代的"形+的"有以下特点：

1. 元代的"形+的"之后可以加复数标记"每"。如：

(53)[金盏儿]穷的每饥难受，冷难捱，我散与钱和绢，米和柴。(《杂剧·散家财天赐老生儿》)

(54)众亲眷、街坊老的每、庄院老的每，劝道："你为甚么省不得，执迷著心？"(《原本老乞大》33右:01)

元代的表人名词和表动物、无生命物名词之后均可加复数标记，但是这种加复数标记的"形+的"都是转指人的，这可能与某些"形+的"逐渐凝固化有关，如"老的""小的"等。

2. 元代的"形+的"在直译体文献中还可以用于一种特殊的格式"形+的+一般"。如：

(55)杀了人，有罪过的，两定烧埋钱与有，忒轻的一般有。(《元典章·刑部》)

(56)待不要罪过呵，哏分外的一般有。(同上)

(57)今後有重罪底罪人，省、部问当了呵，再交监察重审无冤，不待秋分，逐旋施行呵，宜底一般。(同上)

这种现象只见于直译体文献如《元典章》中，而且"形+的"不是转指具有某种性质的事物，而是表示自指的，应该与蒙古语原文有关，不是汉语固有的表达方式。这里的"的"也可以不用。如：

(58)月儿鲁官人一处商量来，人的奴婢事甚麽没，做贼呵，要了罪过放有，头口的主人根底消乏了一般有。(同上)

3. 用于"形 + 的 + 上头"格式。元代表示原因的方式除了在前面用"因为"之类的连词以外，受蒙古语的影响，还使用"上头"等后置词，或者二者兼用，因此也就产生了"形 + 的 + 上头"的用法，其中的"的"也不是表示转指的。如：

(59) 恁这秤大的上头，折了十斤也。(《原本老乞大》35 左：06)

(60) 因着法度不均平的上头，管民官无所遵守。(《元典章·刑部》)

四、形 + 的 + 名

做定语的形容词性成分的情况与宋代相同，有性质形容词、状态形容词、形容词性偏正结构、并列结构和谓语是形容词的主谓结构。元代的"形 + 的 + 名"出现了以下新的特点：

1. 两个并列的形容词性成分做定语，如果二者音节数相同，可以只在第二个形容词之后加"的"；如果二者音节数不同，则必须各自加"的"。宋代和现代汉语都遵循这个规则，但是元代这个规则被打破了。如：

(61) 皇帝新得天下，未有休兵之期，岂宜行这无道歹的勾当？(《五代史平话·梁史平话卷上》)

2. 前一章指出，金代出现了语义指向动词后宾语的"状态形容词 + 的"前置于动词前面的现象，而到了元代，语义指向动词的状态形容词又可以前置于主语前面，从表层结构上来看是主语的定语；语义上指向宾语的状态形容词也可以前置于主语之前，语义上指向"VP 的 N"中的中心语的状态形容词还可以前置于前面的处所定语之前。如：

(62) 灯儿又不明，梦儿又不成；窗儿外淅零零的风儿透疏櫺，忒楞楞的纸条儿鸣；枕头儿上孤另，被窝儿里寂静。(《西厢记·第1本·第3折》)

(63) [梁州第七] 则听的韵悠悠的耳畔吹寒角，一回价不冬冬的催军鼓擂，响当当的助战锣敲。稀撒撒地珠帘筛日，滴溜溜的绣

幕翻风，只疑是古剌剌杂彩旗摇。（《杂剧·尉迟恭三夺槊》）

（64）想那乱扰扰红尘中争利的俗人，闹攘攘的黄阁上为官的贵人，怎强如那闲遥遥华山中得道仙人。（《杂剧·泰华山陈抟高卧》）

这种现象都出现在戏曲的曲文中，而且是状态形容词独有的现象，应该是修辞和音节上的原因造成的。

五、动 + 的

元代与结构助词“的”组合的动词性成分的性质与宋代相比没有大的改变，也有动词和动词性偏正结构、动宾结构、动补结构、并列结构、连动结构、兼语结构，以及谓语是动词的主谓结构和“所V”结构，但是也出现了一些新的现象：

1. 与“形 + 的”的情况类似，“动 + 的”之后也可以加复数标记“每”，这是与宋代和现代汉语都不同的现象。如：

（65）先不曾做贼的每，开读圣旨之后，再犯呵，追了赔赃，打一百七，流远者；三犯呵，敲了者。（《元典章·刑部》）

（66）近间贼每多了的上头，偷大头口的贼每，两遍偷大头口的每根底，又强盗贼每根底，这的每敲。一遍偷大头口的每根底，教奴儿干地面里出军。（同上）

（67）起意偷来的每根底，体例里合敲底敲，做伴当偷来的每根底七十七下，一个根底九个断没。（同上）

这种用法多见于直译体文献中，在转指主语或宾语的“动 + 的”之后直接加复数标记，祖生利（2002）指出这是直译蒙古语形动词的结果：蒙古语通过动词后接加各种形动词附加成分，使之兼有名词、形容词的语法功能，可以代替所修饰的主体，充当主语、宾语，并有数、格的变化。当形动词替代的主体是人时，其复数形式常译为“V/VP 的（人）每”，而保留中心语的“V/VP + 的 + 名”之后再加“每”的用法才是汉语的通例。祖生利还指出了一种值得注意的现象，在汉语文献中也出现了少量“V/VP 的每”，这表明元代汉语里的“V/VP 的每”可能是蒙式汉语渗透的结果。如：

(68)不要那看的每侧面，子弟每凝眸。（关汉卿《斗鹌鹑·女校尉》）

2. 出现了与结构助词“的”组合的较长的、较复杂的动词性成分。如：

(69)受宣敕的官人每、令史每，但是勾当的人每，要了肚皮，偷了官钱，没体例做了，逃走了的，经了革呵，依着招了的体例里，合罢的、合降等的，更他每合得的罪名里，做例行呵，使见识的人每少也者。（《元典章·刑部》）

(70)四遍做贼、曾经剌断、犯在赦前、革后一遍做贼的，怎生理算麽道，又出军的不知何处出军有，合出军的合无剌断，又未审何等为色目人麽道，申明来。（同上）

(71)你如今回去，一路上但见一个妇人，道姑打扮，拿着一个琵琶，背着一轴真容的，便是你相公的小娘子，你把盘缠好好承直他去便了。（《琵琶记·第38出》）

这种复杂的“动＋的”结构一般也是出现于书面语中，反映口语的文献中不多见。

3. 与“形＋的”类似，“动＋的”也可以用于“动＋的＋一般”这种格式中。如：

(72)这般做体例禁治行呵，怕的一般。（《元典章·刑部》）

(73)似这般的若不严加禁治呵，不中的一般。（同上）

(74)如今，多和尚每根底，外头有的官人每搔扰的一般有。（同上）

(75)如故意偷钱物来的贼一般剌字呵，重了的一般。（同上）

这里的“的”也可以不用。如：

(76)如今合该出军的罪过的，依在先体例上位奏了，出军呵，合出军罪过的多停滞一般有。（同上）

这同样是《元典章》等直译体文献中特有的现象，不是当时口语的反映。

4. 用于“动＋的＋上头”格式。与“形＋的＋上头”一样，其中的“的”也不是表示转指的。如：

(77)底似的汉儿语说不得的上头，不敢言语。(《原本老乞大》15右:01)

(78)如今又将罗兴小名人的钞偷了的上头，交他出军去了也。(《元典章·刑部》)

"的+上头"还可以加在复句的后面。如：

(79)俺这里今年夏里天旱了，秋里水涝了，田禾不收的上头，俺也旋粜旋吃里。(《原本老乞大》15右:07)

"的"也可以不用。如：

(80)消化不得上头，脑痛头眩，不思饮食。(同上，30左:02)

5.用于"V的V"结构，多为两项并列，表示同一类事物有各种不同的动作行为。如：

(81)拜的拜，跪的跪，那一个敢挨挨挨挨纵喧哗？升的升，下的下，那一个不钦钦敬敬依礼法？(《琵琶记·第16出》)

六、动+的+名

元代做定语的动词性成分的性质也和宋代大致相同，有动词和动词性偏正结构、动宾结构、动补结构、并列结构、连动结构、兼语结构，还有谓语是动词的主谓结构和"所V"结构。但与宋代相比，又表现出如下特点：

1.直译体文献中出现了很多较长的、复杂的动词性定语。如：

(82)廉访司官人每监察每问的招了的，无体例要肚皮来的避罪在逃的部官、管民官、管军官、运司官、医官、管匠官等一十五个人。(《元典章·刑部》)

(83)先生每体例不行，做歹勾当、说谎做贼、犯重罪的先生每，依在先圣旨体例，教管民官问者。(同上)

(84)又把钥匙开门的，把火照明的，和贼每一处执着器仗入去来的熊瑞、谢贵先名字的两个人，胡参政根底，後底要了钱来，不曾下手。(同上)

(85)重的，交粗杖子，轻的，交细杖子打的体例，自前行了三十馀年也。(同上)

元代接近口语的文献中，充当定语的动词性成分一般比较简单，一些较长的定语也是并列的动词结构，罕见多层次套合的定语。祖生利（2002）指出，这种形式是直译蒙古语法所致，是蒙古语形动词构成的包孕结构的长定语直译的结果，不宜仓促断定是汉语“的”字结构的新发展。这种看法是正确的，元代汉语本身较长的定语大多是下面的情形：

（86）却怎生借得一阵顺风，将小生这琴声吹入俺那小姐玉琢成、粉捏就、知音的耳朵里去者！（《西厢记·第2本·第5折》）

虽然成分较多，但是层次很单纯，没有特别复杂的现象，尤其是在接近口语的文献中。

2. 与“有”组合为“有的”，用于某些表示存在的名词和中心语之间，只出现于直译体文献中，是蒙古语的直译。如：

（87）五台山里有的大寿宁寺里住持的花严顺吉祥执把行的懿旨与了也。（《白话碑·1298年灵寿祁林院圣旨碑（二）》）

（88）哈剌章有的大理崇圣寺里有的释觉性、释主通和尚根底，执把的圣旨与了也。（《白话碑·1311年大理崇圣寺圣旨碑》）

（89）外头有的，做罪过呵，各路有的廉访司官人每，依体例问者。（《元典章·刑部》）

（90）月的迷失俺根底与将文书来，南安有的翟寿小名的万户，交他收捕草贼去呵，不去收捕，推病，引着军回来了有。（同上）

3. 两个“的”字连用时，省略为一个，符合经济原则。如：

（91）[圣药王]姓刘的家业姓刘的当，您没理怨爷娘。（《杂剧·散家财天赐老生儿》）

七、成语+的

这类情况用例较少。如：

（92）但是门当户对的便好了。（《琵琶记·第6出》）

八、成语/引语+的+名

（93）“止”字便是“在止于至善”的“止”字。（《鲁斋遗书·大

学直解》)

九、多项定语＋的＋名

(94)半空中忽听得一声轰轰烈烈,如雷如霆,震耳的鸣梢响,合殿里只闻得一阵氤氤氲氲,非烟非雾,扑鼻的御炉香。(《琵琶记·第16出》)

(95)一日从柴仁翁门首过,那柴家是个世代豪富,好布施,济贫寒,积阴德的人。(《五代史平话·周史平话卷上》)

十、复句＋的

(96)或诉讼人自不能书牒,倩人书的,并书所倩姓名住处,防有虚妄诬诉之弊。(《五代史平话·周史平话卷上》)

十一、复句＋的＋名

(97)治国是做朝廷的政事大勾当,平天下是治得那国事好,教天下四海内外都太平的勾当。(《鲁斋遗书·直说大学要略》)

第十类和第十一类都比较少见。

十二、X的动/形

这种格式从宋代到元代一直存在。宋代只出现在书面语色彩较浓的宋儒语录中,口语中使用很受限制,到了元代则较为常见,口语中运用较多,"的"多用于主谓结构的主语和谓语之间。如:

(98)我相公的圣佑,与做勾当的灵报。(《杂剧·小张屠焚儿救母》)

(99)穿的衣服、说的言语、行的勾当三件儿不差了,这般好的人呵,不坏了自家祖宗家庙的祭奠有。(《孝经直解》)

(100)若论俺太师的富贵,真个:只有天在上,更无山与齐;举头红日近,回首白云低。(《琵琶记·第3出》)

十三、用于动词和宾语之间,与"是"配合,指示句子焦点

宋代《五灯会元》中已经出现了这种现象,强调已发生的动作

的方式。元代这种用法仍然存在,并且有了新的发展。具体表现在:

1. 可以强调现实事件的责任者,即句子的主语。如:

(101)子是这三人定的计策臣也都参透:是君王传的圣旨,丽后定的见识,贼子施的机彀。(《杂剧·晋文公火烧介子推》)

焦点标记"是"可以省略。如:

(102)人受五行之气成人,天与人的仁、义、礼、智、信。(《鲁斋遗书·直说大学要略》)

2. 强调已发生的动作的方式,即句子的状语。"是"也可以省略。如:

(103)今日是孙员外哥哥的生日,俺兄弟俩个无钱,俺两个问槽房里赊的半瓶酒儿,又不满,交俺着上水。(《杀狗劝夫》)

3. 强调动作的受事,即句子的直接宾语。这种情况与前两种不同,"是"经常省略,并且省略的"是"不是焦点标记,而是一般的判断词;"是"省略以后,从表层结构上看,"的"位于动宾之间,从语义上看,宾语(即受事)被强调。如:

(104)但要的豆谷米麦,问甚布绢纱罗。([般涉调]《耍孩儿·庄家不识构阑》)

(105)[滚绣球]贫道穿的蔀落衣,吃的是藜藿食。(《杂剧·泰华山陈抟高卧》)

(106)[寄生草]你观国风雅颂施诂训,颂的典谟训诰居尧舜,说的温良恭俭行忠信。(《杂剧·诈妮子调风月》)

以上用法的"的"可看做结构助词,非结构助词用法的"的"在这一时期出现了以下新的发展。

十四、"的"用于假设复句,相当于"的话",是语气助词

这种用法南宋时开始出现,但比较少见,到了元代,仍然没有广泛运用。和宋代一样(如第二章第一节所述),元代表假设的"的"仍然只用于具有[+对比性]的语义特征的句子中,有的还处于两解的阶段,尚未完全进一步虚化为语气助词。如:

(107)[混江龙]如今因子孙缺少，为发鬓斑白，人说的便去，人叫处忙来，看经的便请，化饭的慌斋，烧香灭罪，舍钞消灾。(《杂剧·散家财天赐老生儿》)

(108)[滚绣球]钱呵！有你的不读书便出游，没你的不违法便下牢，你搬的世间事都颠倒，将我这不顾后的呆汉搬调。有你的不唱喏便唱喏，有你的不高傲便高傲。都是你鸦青神道。(《杂剧·散家财天赐老生儿》)

(109)[六煞]有钱的张打油提在不次选用克，没钞的董仲舒也打入杂行常选房，调你两遭儿早镜中白发三千丈。(《杂剧·死生交范张鸡黍》)

例108、例109中"VP的"中的"的"都可以理解为转指标记，也可以理解为表假设的语气助词。另外，还有与假设连词共现的"的"。如：

(110)如先悔的，罚中统钞一十两与不悔之人使用无词。(《原本老乞大》24左:07)

这里的"的"也有歧义，既可以看做结构助词，也可以看做假设语气助词，因为有假设连词的出现，[+对比性]的语义特征已经不是必需的了。

元代"的"表假设的用法并不多见。这一时期表假设的语气词以"呵"为主，此外还有"时"。祖生利(2002)指出，语气助词"呵"表示假设语气出现于宋代，因为它是个专职语气词，没有什么实在意义，用于句中停顿处，原本只表示语气间歇，所以可见于多种时态和句式，产生多种语气效果，语音上也与蒙古语假定式副动词附加成分－'asu等接近，因此直译体文献以"呵"作为假定副动词附加成分的主要对应形式，这有可能影响到元代汉语，使得"呵"表示假设语气的功能得到强化。我们认为，由于"的"的主要语法功能是表示转指，因此单纯的"X的"的意义的优先选择是转指施事、受事等语义角色，要表达假设的语气，必须借助于另外的条件，如[+对比性]的句法语义特征，或与"若/如"等假设连词共现，"的"语法化为假设语气助词必须具备这样的句法环境。这种适宜发生语法化的句子并没有大量出现，而"呵"的广泛使用也使语气词"的"的出现成为不必要。

十五、"的"用于句末，表示一定的语气

这种"的"是语气助词。现代汉语中的句末语气助词表示肯定和表示强调的两种用法都是在元代开始出现的，具体情况有：

1. 表示肯定。

用不用"的"意思相同，但用"的"后加强肯定的语气。如：

(111) 说的都识的。(《杂剧·薛仁贵衣锦还乡》)

(112) 那的俺自会的，索甚么你教？(《原本老乞大》09 左:05)

(113) 上天之命最是无常的。(《鲁斋遗书·大学直解》)

2. 与"是"配合，强调动作的施事、方式、目的等。如：

(114) [末]是谁画的？[旦]是奴家将就描摹的。(《琵琶记·第 29 出》)

(115) [末]道姑，我且问你，你是从幼出家的，还是在嫁出家的？(《琵琶记·第 35 出》)

(116) 府干哥，贫道非因抄化来，却是寻取丈夫的。(同上)

(117) 尚书说道："我女奉圣旨结彩楼，你着崔小姐做次妻。他是先奸后娶的，不应娶他。"(《西厢记·第 5 本·第 3 折》)

(118) 似你这般定价钱，就高丽田地里也买不得，那里是实买马的？则是胡商量的。(《原本老乞大》23 左:01)

还有的承前省略了"是"。如：

(119) 朱子说《大学》这一章书义理精深，疑是孔夫子平日的言语，曾子传述的。(《鲁斋遗书·大学直解》)

(120) 释圣人的言语叫做传，后面解说经文的十章乃是曾子平日的意思，他门人弟子记纂的。(同上)

语气助词"的"是结构助词"的"进一步虚化产生的。"的"字结构做谓语时，"的"位于句末，这种语法位置最适宜虚化为语气词。"的"从词或词组的后附成分转化为全句的后附成分，其功能也从表示转指转化为表示自指，性质发生了很大的变化。朱德

熙(1978)指出,在汉语里,凡是指称形式在前分析形式在后的判断句总是表示分类,分析形式在前指称形式在后的总是表示等同。我们认为,当"的"字结构做判断句的谓语而又难以理解为表示分类时,这个"的"的转指作用不明显,与前面词语结合不紧密,于是就有了重新分析的可能。元代有处于两解状态的有歧义的"的"。如:

(121)又有个小妮子,是自幼伏侍孩儿的,唤做红娘。(《西厢记·第1本·楔子》)

(122)(洁云)贼兵退了也,三日后不送出去,便都是死的。(同上,第2本,第2折)

(123)[末]告夫人知道:从幼出家是没丈夫的,在嫁出家是有丈夫的。那道姑是有丈夫的。(《琵琶记·第35出》)

"是自幼服侍孩儿的"后面可以补出中心语"人",表示分类,但从下文来看,这里表意的重点实际上不是分类,而是为了强调主语身份的特殊性:"服侍孩儿"是"自幼"开始的。这时"是"和"的"的性质都发生了变化:"是"由单纯的判断词向焦点标记发展,"的"由结构助词向语气词、由转指标记向自指标记发展。因此,"的"由结构助词语法化为语气词的过程与判断词"是"的发展是有紧密关系的。"是"从判断词进一步语法化为一个焦点标记至迟在南北朝时期就已经完成了。杨伯峻、何乐士(2001)指出①:

"是"作为系词,本质作用是肯定主语和表语之间的相等关系。当"是"普遍用为系词后,就产生了一些活用用法,不仅限于肯定主、谓之间的关系,而是对整个句意加强肯定;"是"用在句子之首,表示承认或否认某一事实;有时是追究原因,有时是表示对主语的泛指等。这种活用现象《世说新语》中已表现得相当明显。

① 杨伯峻、何乐士(2001):《古汉语语法及其发展》(修订本),第717页,语文出版社。另,这种"活用说"是王力《汉语史稿》中首先提出的。

这种"活用"的"是"实际就是焦点标记①。"是"用于名词性表语之前表示二者的等同关系时,是典型的判断词;当它用于谓词性成分或主谓短语之前时,由于判断词是静态动词,及物性明显低于其他普通动作动词,因此容易发生虚化,成为一个表示强调的焦点标记。

判断词"是"与"的"字结构在句中共现在五代时期就已经出现,但是一直到南宋,"的"位于句末的"M + 是 + DJ 的"句式的用例都不太多;在可见的例子中,"的"与前面的谓词性成分大多也结合得较为紧密,只能看做转指的标记。到了元代,"M + 是 + DJ 的"句式大量使用,很多句子的语义重点不是表示分类,"的"与前面词语结合不那么紧密,有重新分析的可能。同时,"是"做焦点标记的用法已很普遍,在类推作用的影响下,"DJ 的"中的"DJ"成为句子的主要谓语,"是"成为焦点标记,"的"成为依附于整个句子的句末语气词,或者从另一个角度说,从依附于短语之后的转指标记成为依附于整个句子的自指标记。可以说,"的"进一步语法化为语气词的过程,也是"是"从判断词语法化为焦点标记的范围大大扩张的过程。

十六、相当于"着"

相当于"着"的"的"有下列几种用法:

1. 表示状态的持续。如:

(124)身穿的缌麻三月服,心怀着今古一天愁。(《杂剧·死生交范张鸡黍》)

2. V_1 的 V_2,构成连动式,表示两个动作同时进行,有的可以理解为 V_1 表示 V_2 的方式。如:

(125)[油葫芦]那几个守户闲官老秀才,他每都很厉害,把老夫监押的去游街。(《杂剧·散家财天赐老生儿》)

---

① 表示对主语的泛指的情况除外。(如:是人皆老,贵贱亦同。《敦煌变文集·庐山远公话》)

(126)昨日虫儿好意背的哥哥到家中，俺哥哥打了兄弟一顿。(《杀狗劝夫》)

这种现象多见于元杂剧。在这种用法里，“的”常与“坐”“立”等动词连用。“坐的”数量最多，在各种文献中都较常见，除以上两种用法，还可表示请求、祈使等语气，用于非现实句中。如：

(127)且房子里坐的去来。(《原本老乞大》09左:10)

(128)将卓儿来，教客人每则这棚底下坐的吃饭。(同上，12右:01)

(129)请、请、里头坐的。(同上，21右:01)

也可以表示状态的持续。如：

(130)酒席上斜签着坐的，蹙愁眉死临侵地。(《西厢记·第4本·第3折》)

(131)殿上坐的，戴着冕旒，穿着王者衣服。(《五代史平话·唐史平话上》)

这种“的”从语法意义上看与“着”相当。而在唐五代时期相当于“的”的附着在“立”“坐”“卧”等不及物动词之后的是“地”。关于这个“地”的性质，目前主要有三种意见：

(1)蒋礼鸿(1997)[①]认为“地”不完全等于“着”。他举出这样的例子：“且请伯伯里面坐地。”(《水浒传》第27回)“坐”的动作还没有实现，就谈不上“坐”这一动作的持续。又以“夜深着緉小緳儿，斜靠着屏风立地”(宋无名氏玉楼春词)为例，指出同时使用“着”和“地”，说明二者不完全相同。所以“地”只能说是不及物动词后头的语助词。

(2)香坂顺一(1992)(1997)指出，“坐地”“立地”“地”并不能全部都换成“着”。他认为，这样的例子“四人一齐到后面坐地”(《水浒传》第15回)中的“坐地”与其说是“坐着”，不如说与“坐下”相当；用于兼语式的“坐地”更不能解释成“坐着”，如：女子留住鲁达在楼上坐地。(《水浒传》第4回)这里也还是说成“坐”“坐

① 蒋礼鸿(1997)：《敦煌变文字义通释》，第550页，上海古籍出版社，第3版。

下"好。而兼语式之所以选择"坐地",是因为它受兼语动词的支配,兼语动词的宾语又是后一动作的主语,"坐地"即充当这个主语的谓语,与其用单音节词"坐",不如用双音节的"强化式"词"坐地"好。而且当时还有这样的例子:下首坐地着白圣母。(《清平堂话本·洛阳三怪记》)这里的"地"不但不是"着",也不能理解为"坐下"。香坂顺一进而提出,"坐地"类的"地"本来是广义的处所,只是对"坐"起强化作用,类似"走路""渗水""烤火"中的"路""水""火",意义已经弱化,但不是动态助词,而是"强化词"。[①]

(3)江蓝生(1994)认为,从语音上看,"着"音变为"的"是完全可能的,并结合现代汉语方言中"着"的读音情况,对"着"读做"的"的历时演变过程作出了合理的推测。

我们认为,这种用法的"地"在产生之初的组合功能比较窄,基本上限于"坐/立/卧"等几个同一语义场的动词,所以也很难说是一个"不及物动词后头的语助词"。香坂顺一对"坐地"之类的"地"的来源所做的推测有一定的道理,韵律作用在某些句子中是很重要的。但是到了元代,"的"大概已经是与"着"相当的动态助词了,其韵律作用已不明显。如:

(132)今日备办了些个茶饭,请咱每众亲眷闲坐的。(《原本老乞大》28 左:08)

同样是用于兼语句,"的"所附着的是双音节词"闲坐",很难说有什么韵律功能,只能看做相当于动态助词"着"。

"坐地"等组合在产生以后逐渐凝固为固定的词语,"地"成为类似词尾的成分。"的"产生以后,组合功能扩大,除了与不及物动词组合,还可以用于及物动词之后,与"着"的功能更加接近,因此这种"的"并不是简单地替换了以前的"地",从"着"音变而来的可能性较大。"的"还可以用于表示命令、祈使的句子,也与"着"的功能类似。如:

---

① 香坂顺一(1992):《〈水浒〉词汇研究(虚词部分)》,第 418 页,文津出版社;(1997):《白话语汇研究》,第 23 页,中华书局。

(133)越道着越查声破嗓骂得精细，前面他老相公听的！（《杂剧·诸官调风月紫云亭》）

我们认为这种“的”与蒋礼鸿(1997)中所举的《水浒传》的例子类似，都表示祈使的语气，只不过在语气轻重上有所不同罢了。“的”与“着”的用法有一定的相通之处。而“坐的”到了元明时期更像一种固定的表达形式，到了清初就基本上从口语中消失了，而代之以“着”，这一点可以从清初的《老乞大新释》对明代的《老乞大谚解》中的“坐的”的修改中看出来(详见第五章第一节)。

十七、表示动作的完成，相当于“了”

(134)[紫花儿序]向这河中掬的长流水，洗了面皮。（《错立身·第12出》）

(135)则叹的一声长吁气，哀哀怨怨，切切悲悲。（[般涉调]《耍孩儿·借马》）

(136)那大汉下的车，众人施礼数。（[般涉调]《哨遍·高祖还乡》）

(137)但滚的一霎儿，将这切了的草，豆子上盖覆了，休烧火，气休教走了，自然熟也。（《原本老乞大》06右:07）

还有较为特殊的“有的”，也属于这一类。如：

(138)这里离城有的五里路。（《原本老乞大》18左:10）

这种“的”的用法和“得”相通，香坂顺一(1997)指出了“得”表动作完成的用法，认为这是“得”从获得的意义进而用为“到达”，就含有了“完了、完成”的意思，故可以跟“了”置换。我们同意这种意见。元代“的”和“得”混用很普遍，因此可以写做“的”。

十八、用于“动+的+地点词”格式

这种情况我们只发现1例：

(139)住(往)常时汉儿皇帝手里有两个将军来，杀底这达达剩下七个，走底山洞里去了。（《元典章·刑部》）

这里的“底”相当于“到”。江蓝生(1994)指出，这种“底”是

"得"的异形字,是从"得"在动词后面做补语表示"达到"意虚化而来的。

十九、在并列的词语后,表示"等等、之类",表示举例,跟"什么的"同义

这种情况也只发现1例:

(140)钱陪不起呵,他底田产、人口、头疋底,不拣甚麽,准折属官。(《元典章·刑部》)

该例出现在直译体文献中,我们认为这可能与蒙古语原文有关,也可能只是一个用于名词性成分之后的自指的"的",因为前面列举的是并列的几个名词性成分,在这种语境中获得了表示"等等"的意思。

二十、出现了特定的句式"……(便是)……的(便是)",用于介绍人物名字、身份

这种句式和蒙古语SOV语序的影响有关。江蓝生(2003)认为这种"的"表示自指,是称谓名词后缀。她对这一句式的来源进行详细考证后认为,这一句式是在语言接触过程中,汉语的判断句和蒙古语等阿尔泰语的判断句句式相叠加而成的。这种句式中的"的"可以出现,也可以不出现,用"的"时有表示强调的作用。如:

(141)贫道是司马德操的便是了。(《杂剧·关大王单刀会》)

(142)贫道陈抟先生的便是,能通阴阳妙理。(《杂剧·泰华山陈抟高卧》)

综上所述,元代"的"的组合功能与宋代相比有继承,也有了很大发展,同时,受蒙古语的影响,产生了一些新的用法。而对后来有深远影响的是,还出现了用于句末的语气助词"的",这是使汉语面貌发生重大变化的语言现象。我们把元代"的"的组合功能制成下表:

	杂剧	老乞大	小孙屠	西厢记	五代史	琵琶记	劝夫	刑部	总计	%
名的	15	27	3	5	11	16	9	32	118	5
名的名	51	38	5	54	121	87	27	200	583	23
形的	29	44	2	20	11	23	11	32	172	6
形的名	39	10	3	13	11	23	7	6	112	4
动的	90	58	5	41	68	77	19	155	513	20
动的名	205	76		58	67	37	31	468	942	37
成语的						1			1	
成的名	2			3					5	
多定的名	3	1		1	1	14	1	19	40	
复句的					3	1		3	7	5
复句的名								1	1	
X 的动/形	2			3	8	8	1		22	
动宾之间	11					1	1		13	

第二节 “的(底)”字结构的句法功能

元代“的”字结构的句法功能与宋代的大致相同。宋代的“X 底/的”的句法功能已经比较完备,在句中可以做定语、主语、动词宾语、介词宾语、兼语、主谓谓语句的大主语或小主语、复句的分句,还有少量的做谓语、呼语,甚至可以独立成句。元代的“X 的”仍然有以上大部分句法功能,并产生了一些新的功能。与宋代相比,元代的“X 的”的句法功能有以下特点:

第一,“X 底/的”做定语仍然是最常见的用法。X 可以是名词、形容词、动词、成语、引语，也可以是复句，没有发现介词结构做定语的现象。名词性定语的数量明显增加，这一方面是由于零标记现象减少，有标记现象增多，另一方面是因为“的”大量代替了“之”。另外，接近口语的文献中的定语一般都较为单纯，而《元典章·刑部》等直译体文献中的定语就比较复杂，表现在长度和多层次上（这在第一节已经涉及）。另外，受蒙古语原文的影响，有的定语位于中心语之后（这在第一节也已经指出）。

第二，“X底/的”做主语和宾语时，还可以是宾语从句中的主语和宾语。如：

(1)［双调］［新水令］当初被留言千里地定了江淮，更怕为臣的坐观成败。（《杂剧·辅成王周公摄政》）

(2)你休笑这做元帅的元是庶人，道丞相也是个黎民。（《杂剧·萧何月夜追韩信》）

(3)我待道你少穿的啊，你穿的是紫罗兰，系的是白玉带。（《琵琶记·第30出》）

还可以是复句中的分句的宾语。如：

(4)若有个敢喧呼的正犯新条，依班次休息慢分毫。（《杂剧·辅成王周公摄政》）

(5)若有肥的，可令出战！（《五代史平话·唐史平话卷上》）

第三，受蒙古语SOV语序的影响，产生了很多宾语前置于动词的现象，尤其是判断词出现在宾语之后。如：

(6)“恁这马是一主儿那是各自的？”“一主儿的不是，这四个伴当是四个主儿。”（《原本老乞大》24右:07）

(7)这段子外路的不是，服地段子有。（《原本老乞大》27左:04）

第四，“X的”可以做间接宾语。如：

(8)田庐牛具并赐与现佃的为永业，各各修葺屋庐，栽植桑柘，获地利数倍。（《五代史平话·周史平话卷上》）

(9)你吃了时，与这小的椀楪将去。（《原本老乞大》13右:05）

第五，“X的”做谓语的用例增多。宋代这种用法较少，元代则有较多用例。如：

(10)［快活三］魔合罗你做的，高山须是你名讳。(《杂剧·张鼎智勘魔合罗》)

(11)(云)哥哥，好吃酒的也。(《杀狗劝夫》)

其中也有的是状态形容词的词尾，相当于“的$_2$”。宋代我们只在《张协状元》中发现了4例，元代则比较常见。如：

(12)你不闻东村有个李太婆，年纪七八十岁，头光挞挞的，也只要嫁人。(《琵琶记·第3出》)

(13)［脱布衫］我坐则坐，战钦钦的；他瞅则瞅，气嗽嗽的。(《杀狗劝夫》)

(14)［叨叨令］寒森森飕飕摔摔朔风失留束剌地，舞飘飘纷纷扬扬瑞雪也息留惜历的。破瓛瓛一领窟笼布零衫衣羞漉簌的，战钦钦急畅曲出手脚的羞都簌的。(同上)

(15)兀的便是城隍庙，隔壁是我家里，正与我做好事哩，人闹穰穰的。(《杂剧·岳孔目借铁拐李还魂》)

第六，“X的”做主语时可以是多个“的”字短语并列。如：

(16)你这马，好的、歹的、大的、小的，相滚着，要多少价钱？(《原本老乞大》22左:08)

(17)［甜水令］老的小的，村的俏的，没颠没倒，胜似闹元宵。(《西厢记·第1本·第4折》)

第七，“状态形容词+的”用在“动+得”之后做补语，表示结果的状态。这是元代出现的新的句法功能。如：

(18)(红云)姐姐情思不快，我将被儿薰得香香的，睡些儿。(《西厢记·第2本·第1折》)

(19)皂角也使过两个也，水也换了两桶也，乌纱帽擦得光挣挣的。(同上，第3折)

(20)(净上云)打扮得整整齐齐的，则等做女婿。(同上，第5本·第4折)

我们统计了《新校元刊杂剧三十种》等七部元代文献中“X的”在句中担任各种句法成分的情况，具体如下表所示：

句法功能＼文献	杂剧	老乞大	小孙屠	西厢记	五代史平话	琵琶记	劝夫	总计	%
定语	302	125	8	132	208	169	67	1011	60
主语	181	75	2	38	47	71	15	429	25
宾语	28	47	3	18	34	39	15	184	11
大主语	8	3						11	
小主语		2						2	
谓语	5	4		5		2	6	22	
分句		4		1				5	
介宾	4	1			3	2	2	12	4
间宾		1			1			2	
兼语	5	1			6		1	13	
补语				3				3	
呼语		2						2	

从表中来看，元代“X 的”的句法功能与宋代大体一致，主要做定语、主语和宾语，做定语的仍占了一半多。另外，做谓语的数量有所增长，独立成句的则几乎见不到了。

第三节　“的（底）”表自指和转指的功能

元代的名词性成分和谓词性成分加“的”也都有自指和转指两方面的功能。本节的讨论也在“名词性成分 + 的”的自指功能以及“谓词性成分 + 的”的自指和转指功能两个方面展开。

到了元代，宋代“底$_{s}$”的用法有的继承了下来，有的消失了，而且又出现了宋代没有的用法。

一、“名词性成分 + 的”表示自指

这也是前代用法的延续。而且除了名词之外，代词之后也可

以加“的$_s$”,“NP 的$_s$”可以做主语,也可以做宾语。出现了特定的句式“……(便是)……的(便是)”,用于介绍人物名字、身份,这种句式和蒙古语 SOV 语序的影响有关。此外,宋代的“名词性成分 + 的$_s$”做主语时谓语是形容词的现象消失了。如:

(1)您是大唐皇帝的,他日做我的外孙,善保富贵,他时异日休得相忘。(《五代史平话·晋史平话卷上》)

(2)天应念,天应念,蔡邕拜祷:双亲的,双亲的,死生未保,可怜恩深难报。(《琵琶记·第 15 出》)

(3)[金盏儿]您的呵敢荡翻那千里马,迎住那三停刀!(《杂剧·关大王单刀会》)

(4)本家驱口小沈,因放马食践讫苏则毛等田禾,其一苏则毛,用枣棒,将小沈右手第二指的打折落讫一节,不见保辜体例。(《元典章·刑部》)

(5)贫道是司马德操的便是了。(《杂剧·关大王单刀会》)

(6)贫道陈抟先生的便是,能通阴阳妙理。(《杂剧·泰华山陈抟高卧》)

二、谓词性成分 + 的

1. 表示自指

“谓词性成分 + 的$_s$”都是做主语。

A. 形容词谓语句

这是继承了前代的用法。如:

(7)(正末云)他问我要休书,我问师父咱:与的是?不与的是?(《杂剧·马丹阳三度任风子》)

(8)当原蔡伯喈教我休说的是,如今何颜见他?(《琵琶记·第 30 出》)

B. 非形容词谓语句

(9)[贴]相公,那不奔丧和那自刎的,那一个是孝道?[生]那不奔丧的是乱道。(《琵琶记·第 37 出》)

(10)[贴]相公,那不弃妻和那弃妻的,那一个是正道?[生]

那弃了妻的是乱道。(同上)

“VP 的$_s$”大多是做受事主语。如:

(11)咱人今日死的,明日死的不理会得。(《原本老乞大》30左:10)

(12)“娘死了也”麽道说谎,家里去来的招了。(《元典章·刑部》)

(13)他要了肚皮的明白有。(同上)

(14)依孔子孟子父母的例,颜子的父母根底,封谥的么道。(《白话碑·1334 年加封颜子父母妻懿旨碑》)

李崇兴(1999)认为,这类句子只出现于蒙古语直译体文件中,是翻译的产品:“看来这个‘的’是把一个非体词性成分转变为体词性成分,使之能够出现在主语或宾语的位置上,其作用跟日本语里面的‘形式体言’类似。”①这正是自指的“的”。我们非常认同李崇兴先生的观点,这种句式的出现确实与它是从蒙古语直译来的有关,但非体词性成分加上“的”以后未必就体词化了。这种出现于主宾语位置上的 VP 加上自指的“底/的”使其指称化的用法也是早就有了的。

2. 表示转指

宋代“动词性成分 + 底/的”转指的语义角色以施事(包括施事、感事、主事)、受事(包括受事、对象、系事)和结果为主流,还出现了转指工具、方式、处所、原因、根据和内容的用法。元代的主流与宋代相同,但与宋代相比,还有如下特点:

第一,转指结果时,充当 VP 的除了“说/道”等言说动词、“写/画/镌”等动作动词外,还出现了“盖/垒/修造/盖造”等表示建造的动词和“做来/织来/落得/拟定/吐下/脱下来”等带结果补语的动词短语,这些都是可以带结果宾语的 VP。如:

(15)兀的是我背历的你来家呵,我落得的。(《杀狗劝夫》)

(16)(云)虫儿打街上过来,众人言道,孙大郎与孙二似一个印合脱下来的。(同上)

① 李崇兴(1999):《〈元典章·刑部〉中的结构助词》,《语言研究》第 2 期。

(17)俺那里井都是石头垒的，最深杀的没一丈，都是七八尺来深有。(《原本老乞大》10左:07)

还有的VP与以上带结果宾语的不同，动词"卖"后有受事宾语，转指卖东西的所得。如：

(18)[丑]咳，方才不是你只管告不休，相公如何要我赔偿这稻子？是我卖老小卖家私的，你如何拿去？(《琵琶记·第17出》)

第二，出现了转指与事的现象，这是前代所没有的。句中与"的"组合的VP都是所谓的"交互动词"。如：

(19)这三个伴当是你亲眷那是相合来的？(《原本老乞大》05右:03)

(20)各自小年不肯学习经书，事事游手好闲；平常间吃籠酒，使大棒，交游的是豪侠强徒，说话的是反叛歹事。(《五代史平话·梁史平话卷上》)

第三，宋代出现的以内容转指事物的现象在元代仍然存在。如：

(21)这一章说广宣德行的。(《孝经直解》)

(22)教百姓和顺的勾当，敬重哥哥人的最好有①。(同上)

第四，可转指工具。这种现象很少，我们只看到两例：

(23)此钱乃大王留以养战士的，承业不敢乱下破用。(《五代史平话·唐史平话卷上》)

(24)这孝、弟、慈三件是君子所以修身而教于家的，然一国中事君事长使众的道理不外于此。(《鲁斋遗书·大学直解》)

第五，可转指根据。这也很少见，我们看到的是有1例：

(25)[金盏儿]见赢输，定荣辱，赐的是将军每建立功劳处。(《杂剧·薛仁贵衣锦还乡》)

第六，某些并列的动词加"的"转指的是不同的语义角色。如：

(26)彦超点视军马，逃降杀死的十分也无三分了。(《五代史

① 宋绍年校注："敬重哥哥人的最好有"，"人"字疑衍。《近代汉语语法资料汇编》(元明卷)，第60页，注20，商务印书馆，1995。

平话·周史平话卷上》）

“逃/降”加“的”转指施事，“杀死”加“的”转指受事，因为转指的语义角色不同，即使是并列的动词短语，本来也是不能同时加“的”的。现代汉语中这样的表达方式也是不合法的。

第七，宋代“VP 底/的”转指原因、处所、方式的现象我们在元代的语料中没有发现。现代汉语中转指这些语义角色也是比较困难的。从转指的语义角色的数量来看，元代和宋代相比有减少的趋势，这也是向现代汉语接近的表现。

第四节　小　结

元代的结构助词“的（底）”的组合功能与宋代相比，有继承，也有很大的发展。从定语类型来看，元代与宋代大致相同，还出现了较长的、含有包孕结构的很复杂的定语，而这种定语多出现于直译体文献中，这与蒙古语原文有关。另外，“形＋的”“动＋的”之后都可以加复数标记“每”。在“名词性成分＋的”代替中心语的用法中，名词性成分与所代替的中心语的关系类型和宋代相比有同有异，两代的情况如下表所示：

	领属关系								属性关系					
	可以让渡			不可让渡										
	占有	处所	时间	器官	观念	属性	称谓	状况	分数	特性	特征	数量	相关	质料
宋	+	+	+	+	+	+	−	−	+	+	+	+	+	−
元	+	+	+	−	−	−	+	+	−	+	+	+	+	+

名词性定语和中心语的关系类型，元代出现的新的类型是：属于领属关系的处所领属（本体—处所关系）、成员领属、成果领属，

属于属性关系的同位关系和内容—本体关系。

元代出现的一个重要现象是“的”用于动词和宾语之间，和“是”配合，指示句子的焦点，除了可以强调已发生的动作的方式外，还可以强调现实事件的责任者和动作的受事、与事，从句法功能上看有了很大的发展。而这种位置的“的”，其性质已经发生了很大的改变，比结构助词又有所虚化。

元代出现的另一个重要现象是“的”用于句末，表示肯定或强调的语气。这种用法也是从结构助词虚化而来的。“的”处于句末的位置上，逐渐从动词性结构的后附成分变为整个句子的后附成分，其语义功能也由转指变为自指。

“的”表示动作、状态的持续或完成，相当于动态助词“着”和“了”，这两种用法产生的来源不同：前者可能是音变的结果，后者与“得”的用法相通。

“的”用于“动＋的＋地点词”格式，相当于“到”，是“得”的异形字。

结构助词“的”的句法功能与宋代相比大体一致，“X 底”的主要句法功能仍是做定语、主语和宾语。做谓语的情况从绝对数量上看仍然不多，但从比例上来看，比宋代增长了三倍，独立成句的现象基本消失。

“名词性成分＋的”表示自指的功能是从宋代继承下来的，除了做主语之外，还可以做宾语，做主语时谓语是形容词的现象消失了。另外，受蒙古语 SOV 语序的影响，出现了新的句式“……（便是）……的（便是）”，用于介绍人物的名字、身份。“动词性成分＋$的_s$”做主语时，大多是做受事主语。

“动词性成分＋的”转指的语义角色仍然以施事（包括施事、感事、主事）、受事（包括受事、对象、系事）、结果为主流。此外，还出现了转指与事的用法。宋代“VP 底/的”转指原因、处所、方式、内容的现象在元代的语料中基本消失。从转指的语义角色的数量来看，元代和宋代相比有减少的趋势，这也是逐渐向现代汉语接近的表现。

到元代，与结构助词“的”的功能部分相当的前代的“之”“者”

“所”等在口语中的使用已经大大萎缩，定语和中心语之间零标记的现象也大大减少。① 我们调查了《原本老乞大》中“的”“之”“者”“所”以及零标记定语的使用情况，发现其中表示转指的“者”和“所”都没有出现，在元曲中二者有零星的用例，也是用于引语或文言色彩较重的句子中，说明此时口语中表示转指的功能基本上都是由“的”来承担了。定语和中心语之间有无标记的情况如下表所示：

名词性修饰语			形容词性修饰语			动词性修饰语		
无标记	有标记		无标记	有标记		无标记	有标记	
	之	的		之	的		之	的
47	4	38	15	0	10	11	2	205

据我们上一章的统计，北宋《景德传灯录》中名词性修饰语、形容词性修饰语、动词性修饰语和中心语之间的无标记和有标记之比分别约为3.3∶1、3.1∶1 和0.9∶1，南宋《朱子语类》中分别约为1∶1、0.7∶1和0.25∶1。而在元代《原本老乞大》中分别约为1∶1、1.5∶1 和0.05∶1。名词性修饰语和中心语之间仍然有一半没有标记。形容词和中心语之间也有大量无标记的情况，这有两种类型：第一种，单音节形容词修饰语可以直接修饰名词，如“熟客人/生文书/好茶饭/好媳妇”，这在现代汉语里仍然是合法的，我们的统计不包括这样的例子；第二种，修饰语为定量化的形容词短语，在现代汉语里必须加“的”，而在元代则可以直接修饰名词。如：

(1)如今价钱如何？价钱如常，人参正阙著，哏好价钱。(《原本老乞大》20 左:07)

(2)到夏间好极细毛施布布衫、上头绣荆褐纱搭胡，白纱搭搭五儿。(同上,33 右:09)

动词性修饰语和中心语之间零标记的现象已经非常罕见，绝大多数都使用了结构助词“的”。

① 不同性质的语料表现不尽相同：元曲的唱词中定语和中心语之间零标记的现象很多，而在较接近口语的《原本老乞大》中则很少见。我们选取后者作为调查的对象，就是出于它比元曲接近口语的考虑。

在修饰语和中心语之间有标记的情况中,“的”已经占据了绝对优势,“之”只有6例,其中5例用于“……之后”“……之上”的句式中,另外一例则出现在有书面语色彩的契约中:

(3)如先悔的,罚中统钞一十两与不悔之人使用无词。(《原本老乞大》24左:07)

可见结构助词“之”在口语中已经接近消亡,只在一些固定用法中仍占有一席之地。总之,“的”基本上已经取代了“之”“者”“所”,成为普遍使用的结构助词,和现代汉语的情况已经很接近了,主要区别在于修饰语和中心语之间零标记的现象仍然占有一定比例。

第四章

明代的结构助词“的”

第一节 "的"的组合功能

明代的文献资料中,我们主要考察了《训世评话》《老乞大谚解》《朴通事谚解》《金瓶梅词话》《拍案惊奇》《三遂平妖传》《西游记》等语料。

明代用于体词性结构的结构助词仍有少数写做"底","地"和"得"用于体词性结构的现象也仍然存在,但数量仍然极少。如:

(1)饶养活着他,还教他弄乾坤儿,家里底事往外打探。(《金瓶梅词话》第76回)

(2)武松走了一会,酒力发作,远远望见乱树林子,直奔过树林子来,见一块光挞挞地大青卧牛石,把那棒倚在一边,放翻身体,却待要睡,但见青天忽然起一阵狂风。(同上,第1回)

(3)三藏问道:"悟空,你去这一夜,拿得妖精在那里?"(《西游记》第19回)

明代"的"的组合功能与前代相比,有了进一步的发展和变化。元代复杂的包孕结构的定语到了明代已经非常少见。明初的语言与元代较为接近,继承了一些元代特有的语言现象,到了明代中期和末期,很多元代特有的与蒙古语的影响有关的语言现象就消失了。另外,"的"的用法进一步虚化,语气词"的"的使用频率显著提高。明代出现了一些前代没有的组合功能,如"并列式短语+的",并迅速广泛运用,"的"加在某些短语之后起形象化的作用,等等。这些都是口语性很强的用法,使"的"的组合功能进一步接近现代汉语的面貌。具体情况如下:

一、名 + 的

1. 领属关系

A. 可以让渡的领属关系

基本上与宋元时期的情况相同，有占有领属、处所领属（处所—本体关系）、时间领属（时间—本体关系），此外还出现了成员领属。如：

(4) 有一日那大舍的兄弟来告哥哥说：这铁牌子只不是哥哥的，天与我两个弟兄的，俺轮流放好。（《训世平话》46）

(5) 偷倒不偷，这银子有些眼熟，倒象爹银子包儿里的。（《金瓶梅词话》第 23 回）

(6) 曹州有一个穷汉，叫做贾仁，真是衣不遮身，食不充口，吃了早起的，无那晚夕的。（《拍案惊奇》卷 35）

(7) 行者道："正是，你们不曾会着我，我是外班的。"（《西游记》第 34 回）

某些表示处所领属的"名 + 的"已经逐渐凝固化，有了固定的转指意义。如：

(8) 丫头学说，两个说了一夜话，说他爹怎的跪着上房的叫妈妈，上房的又怎的声唤摆话的。（《金瓶梅词话》第 21 回）

"上房的"特指具有某种身份的人。

B. 不可让渡的领属关系

明代除了保留唐宋时期出现的器官领属，元代产生的称谓领属、状况领属外，还出现了来源领属、产品领属。如：

(9) 合家听说，个个惊骇，看他身体面庞，是庆娘的；声音举止，却是兴娘。（《拍案惊奇》卷 23）

(10) 如今小梅这妮子腹怀有孕，明日或儿或女，得一个，只当是你的。（同上，卷 38）

(11) 从来观世音机灵，固然无处不显应，却是燕子矶的，还是小可；香火之盛，莫如杭州三天竺。（同上，卷 24）

(12) 你今日便是崔本叫了你吃酒，醉了来家，你袖子里这根簪子，却是那里的？（《金瓶梅词话》第 82 回）

(13)客人,你要南京的那,杭州的那,苏州的那?(《老乞大谚解》)

2. 属性关系

与元代的情况大致相同,大多是表示特性关系、特征关系、数量关系、相关关系、质料关系。如:

(14)你打十个气力的一张,七、八个气力的一张。(《朴通事谚解》)

(15)那怪又道:"这黑长的是沙和尚,这长嘴大耳的是猪八戒。"(《西游记》第32回)

(16)灰还得二十两银子的。(《金瓶梅词话》第35回)

(17)这是三生的了。再说个两世的,死过了鬼来报冤的。(《拍案惊奇》卷30)

(18)众仙即忙取出一条鞭,不是甚么牛皮、羊皮、麂皮、犊皮的,原来是龙皮做的七星鞭,着水浸在那里。(《西游记》第25回)

明代的"名+的"格式与前代相比,有如下特点:

第一,明代表示称谓的"名+的"开始出现一种固定的表达格式:"姓+家+的"。如下面两例中,"吴家的"表示姓吴的男子的妻子,"潘家的"表示姓潘的女子。

(19)玉楼道:"他爹呼日二更来家,走到上房里,和吴家的好了,在他房里歇了一夜。"(《金瓶梅词话》第21回)

(20)你看看孟家的和潘家的,两家一似狐狸一般,你原斗的过他了!(同上,第44回)

第二,明代的"名+的"很多都是由于省略了谓词造成的,而这些谓词在现代汉语中则是不可以省略的。如:

(21)我们把桌子也摆摆么,还是灰尘的哩。(《金瓶梅词话》第54回)

(22)杨老妈道:"说起来连小娘子吉帖都不消求,那小官人就是同年月日的。"(《拍案惊奇》卷29)

另外还有一些从特殊结构省略或变换而来的说法。如:

(23)头里我自不是,说了句话儿,见他不是这个月的孩子,只

怕是八月里的，教大姐姐白抢白相。(《金瓶梅词话》第30回)

(24)一见满心欢喜，因悄悄叫过文嫂来问："他戴的孝是谁的？"(同上，第69回)

例(23)"是八月里的"是从"(他)是八月里的孩子"省略而来的，而"他是八月里的孩子"在这里的意思是"他八月里生孩子"。"他戴的孝是谁的"是从"戴XX的孝"这样的"名+的"插入动宾复合词或动宾短语表示动作的对象的表达方式变换而来的。由此可见，明代"名+的"中名词和所转指的对象的关系进一步复杂化了，需要借助具体的语境才能准确理解。

第三，"名+的"做"把"字句中动词后的宾语，从语义上来看"名+的"与"把"后的宾语有领属关系。如：

(25)刚才把毛搞净了他的才好，平白放了他去了。(《金瓶梅词话》第50回)

(26)不是韩嫂儿死气白赖在中间拉着我，我把贼没廉耻雌汉的淫妇口里肉也掏出他的来！(同上，第72回)

(27)春梅道："赖在我家，教小厮把鬓毛都挦光了你的！"(同上，第75回)

(28)他若看不见师父时，三尖石上，把筋都掼断了你的哩！(《西游记》第33回)

(29)此话不与行者说还好，若说了，那猴子进来，一顿铁棒，把孤拐都打断你的！(同上，第36回)

(30)把人牙花都磕破了，帽子都抓落了人的。(《金瓶梅词话》第50回)

(31)旁边人见他增了价，就埋怨道："我每还要买个，如何把价钱增长了他的？"(《拍案惊奇》卷1)

这种"把"字句都表示对"把"后宾语的处置，谓语动词也都是动补结构的复合词或动补短语，并且其中的补语都表示结果。有些"把"字句表示实际的处置，如例30、例31。还有很多"把"字句不是表示现实的处置，而是一种虚拟的极端的处置，句中多有"都/也"等副词与之呼应。这种表达法应该是"把"字句进一步发展和广泛应用的产物，在宋代则用“V 得 OC（N 底）”的格式来表达。如：

(32)人只为自私，将自家躯壳上头起意，故看得道理小了佗底。(《河南程氏遗书》卷二上)

“名＋的”也出现在与以上表示虚拟的极端处置的“把”字句相似的“连”字句中。如：

(33)敢再说半个不字，老猪一顿钯，连山也筑倒你的！(《西游记》第 55 回)

这种“连”字句应该是从这样的句子类推而来的：“连”介绍代表一个集合内的极端成员的名词，并且这个名词是谓语动词的受事。如：

(34)适来使玉清神女取之，虽有菩萨金刚，连形也不得见他的，取若坦途，有何所碍？(《拍案惊奇》卷 7)

(35)那衙门中人见他如此行径，必然是打抽丰，没廉耻的，连帖也不肯收他的。(同上，卷 22)

除此之外，还有不用“把”“连”等介词，而是直接用受事主语的情况。与上述表示虚拟的极端处置的“把”字句不同的是，这些句子中的谓语动词都没有表示结果的成分，处置性较低，所以不能用“把”。如：

(36)月娘道：“他当初这官，还是咱家照顾他的；还借咱家一百两银子，文书俺爹也没收他的，今日反恩将仇报起来。”(《金瓶梅词话》第 95 回)

(37)适才忘带了钱来，今饭多吃过了主人的，却是怎好？(《拍案惊奇》卷 4)

第四，有的“名＋的”后面很难补出中心语，说明这里的“的”进一步虚化了。如：

(38)只如今免打就彀了他的，怎敢要钱！(《西游记》第 15 回)

(39)他乱他的，俺每又不管。(《金瓶梅词话》第 58 回)

第五，出现了“N_1 的 N_1，N_2 的 N_2”格式。

明代时,“V_1 的 V_1,V_2 的 V_2”格式广泛运用,并类推到名词的范围,产生了“N_1 的 N_1,N_2 的 N_2”格式。这也是一种带有修辞意味的句式,有的是省略了动词,有的则是起音节调节的作用。如:

(40)五百个和尚,东的东,西的西,走的走,立的立,四散不题。(《西游记》第44回)

(41)廓的廓,城的城,金汤巩固;家的家,户的户,只斗逍遥。(同上,第29回)

第六,出现了“序数词+个+的”格式。

“序数词+的”转指排行第几的人,在元代已经出现,而明代除此之外又有“序数词+个+的”。这是与前代和现代汉语都不同的格式。如:

(42)大哥唤做花子由,三哥唤做花子光,第四个的叫花子华。(《金瓶梅词话》第14回)

(43)你若不嫌奴丑陋,到家好歹对大娘说,奴情愿只要与娘们做个姊妹,随问把我做第几个的也罢。(同上,第16回)

二、名+的+名

1. 领属关系

A. 可以让渡的领属关系

与元代基本相同,有占有领属、处所领属(处所—本体关系)、时间领属(时间—本体关系)、成员领属,另外还出现了时间领属(时间—时间关系)。如:

(44)学了昨的下半晚,真要疼死人也。(《金瓶梅词话》第54回)

(45)员外自道:“那个月的初十边,被我叮咛得紧,不敢变物事,却在这里舞弄法术。”(《三遂平妖传》)

B. 不可让渡的领属关系

与元代相同的有称谓领属(包括亲属称谓和社会关系称谓)、器官领属、观念领属、属性领属、特征领属、结果领属、状况领属、成果领属。此外还出现了构件领属和变形领属、处所领属(处所—处所关系）。后三类的例子如：

（46）这细茶的嫩芽，生长在春风下。（《金瓶梅词话》第12回）

（47）正饮酒之间，只听得那四望亭子的亭柱上一声响，上至太尉，下至手下的人，都吃一惊。（《三遂平妖传》）

（48）大圣却有算计：爬上树，一只手使击子，一只手将锦布直裰的襟儿扯起来，做个兜子等住，他却串枝分叶，敲了三个果，兜在襟中。（《西游记》第24回）

（49）却说那怪的火光前走，这大圣的彩霞随跟。（同上，第19回）

（50）那大圣将身跳上，抖一抖，收了瞌睡虫的毫毛。（同上，第86回）

（51）将有五更，温殿直交做公的簇拥着和尚入开封府的廊下伺候。（《三遂平妖传》）

其中例46至例48是构件领属，例49、例50是变形领属，例51是处所领属（处所—处所关系）。

2. 属性关系

与元代情况基本相同，明代“的”字结构也有特性关系、特征关系、数量关系（包括计数—本体关系和计量—本体关系）、相关关系、同一关系、比喻关系（包括喻体—本体关系和本体—喻体关系），不同的是元代出现的同位关系和内容—本体关系在明代时消失了。明代时，表示比喻关系的“名＋的＋名”广泛运用。如：

（52）糊了五间雪洞儿的房，买了四五个养娘扶持。（《金瓶梅词话》第34回）

（53）干净是个绵里针、肉里刺的货，还不知背地在汉子根前架的甚么舌儿哩。（同上，第51回）

（54）金莲道：“我的儿，老娘猜不着你那黄猫黑尾的心儿！”（同上，第67回）

（55）那韩子文头上戴了紫菜的巾，身上穿了腐皮的衫，腰间系了芋艿的绦，脚下穿了木耳的靴，同众生员迎接入城。（《拍案惊

奇》卷 10)

(56) 又一件,应二哥,银子便与他,只不教他打着我的旗儿,在外边东诓西骗。(《金瓶梅词话》第 38 回)

(57) 这西门庆听了,见粉头所事合着他的板眼,亦发欢喜,说:“我儿,你既贴恋我心,每日我送三十两银子与你妈盘缠,也不消接人了,我遇闲就来。”(同上,第 68 回)

明代的“名+的+名”格式与元代相比,有如下特点:

第一,与“名+的”的情况类似,“名+的+名”中名词性定语和名词中心语之间的语义关系也复杂化了。如:

(58) 李瓶儿再三辞:“奴的酒勾了。”(《金瓶梅词话》第 14 回)

(59) 姐姐没的怕怎么的,你身子怀的又不显,怕还不是这个月的孩子,不妨事。(同上,第 78 回)

(60) 我的菩萨,我虽不好,敢误了他的经!(同上,第 62 回)

(61) 是他第六个娘子的孝。新近九月间没了,不多些时。(同上,第 69 回)

(62) 长寿过意不去,道是“莫非还记着泰安州的气来?”(《拍案惊奇》卷 35)

(63) 直到拜求恳切了,口里说出许多牛羊猪狗的愿心来,要这家脱衣典当,杀生害命,还恐怕神道不肯救,啼啼哭哭的。(同上,卷 39)

其中例 58 的表达方式在元代已经产生,表示“奴喝酒喝够了”。例 59 表示“这个月生孩子”,也可以不用“的”。如:

(64) 玉楼道:“我也只说他是六月里孩子。”(《金瓶梅词话》第 30 回)

(65) 若是八月里孩儿,还有咱家些影儿。(同上)

例 60、例 61 分别表示“为他念的经”“为他第六个娘子带的孝”,例 62 表示“在泰安州受的气”,例 63 表示“用牛羊猪狗还愿的愿心”。可见明代的很多“名+的+名”都是省略了表示名词性定语和中心语的复杂关系的谓词,二者之间的关系完全由语境来揭示。

第二,"并列名词短语+的+名",定语具有描写性质,有形象化的作用。如:

(66)头戴一顶前一片后一片的竹筒中儿,旁缝一对左一块右一块的蜜蜡金儿,身上穿一件细领大袖青绒道袍儿,脚下着一双低跟浅面红绫僧鞋儿。(《拍案惊奇》卷2)

第三,"名+的+成语/词语",其中成语或词语中的主语又和名词性定语有领属关系。如:

(67)老孙的手到擒来。(《西游记》第24回)

(68)你的耳聋?我是蛮话,你不省得?(同上,第25回)

(69)他两个在云端里,战彀八九回合,小龙的手软筋麻,老魔的身强力壮。(同上,第30回)

(70)师父,他的手重棍凶,把人打死,只怕你念那话儿,故意变化这个模样,掩你的眼目哩!(同上,第26回)

第四,用于"代+动+代的名"格式,多为两项并列使用,表示各人干各人的,互不相干。如:

(71)你只挑得四十里进城,待捉了妖精,你还做你的皇帝,我们还取我们的经也。(《西游记》第39回)

(72)那先生道:"你走你的路,我修我的真,你来访我怎的?"(同上,第53回)

(73)那妖王听他说出悟空行者,遂道:"你原来是大闹天宫的那厮,你既脱身保唐僧西去,你走你的路去便罢了。"(同上,第71回)

这里的代词和名词之间不是一般意义上的领属关系,名词实际上是无指性成分,即侧重于表现词语的内涵而不是外延,这与前面的"名+的+名"格式中的名词中心语的性质不同。

三、形+的

与宋元时期的情况相同,明代与结构助词"的"组合的形容词性成分有性质形容词、状态形容词、形容词性偏正结构、并列结构,还有形容词做谓语的主谓结构。状态形容词的名词化现象从五代时期一直持续到明代，但是用例一直不多。如：

（74）那巫娘子是个娇怯怯的，空心早起。（《拍案惊奇》卷6）

（75）不觉眼前一块黑黑的，起来穿裙子，天旋地转就跌倒了，恁甚么就顾不的了。”（《金瓶梅词话》第61回）

（76）坐不多时，下边一阵热热的来，又往屋里去了。（同上）

明代的“形＋的”与前代相比，出现了如下新的特点：

第一，某些“形＋的”的后面很难补出中心语，意义发生了虚化。如“好的”多用于“VP(O)＋数量词＋好的”，“好的”从语义上来看指向谓语动词，表示动作的程度高。如：

（77）这妇人见勾搭武松不动，反被他抢白了一场好的。（《金瓶梅词话》第1回）

（78）我说哥不受，拿出来，倒惹他讪两句好的。（同上，第39回）

（79）为你来了，平白教大娘骂了我一顿好的。（同上，第46回）

（80）俺每刚才在后边陪大妗子、杨姑娘吃酒，被李桂姐唱着，灌了我几钟好的。（同上，第51回）

（81）西门庆道：“也吃我把奴才拶了几拶子好的。”（同上，第76回）

（82）不须你动手，待我捉这厮打一顿好的！（《三遂平妖传》）

第二，某些“形＋的”有儿化现象。如：

（83）琴童儿道：“我有个好的儿，教他替我收着。”（《金瓶梅词话》第31回）

（84）小的见来安一个跟着轿子，又小，只怕来晚了，路上不方便，须得个大的儿来接才好。（同上，第34回）

（85）何太监道：“小的儿们，再烧好炭来，今日天气寒冷些。”（同上，第71回）

（86）你要吃果子，先拣红的儿摘下来。（《西游记》第82回）

第三，某些“状态形容词＋的”中的“的”有表示祈使、命令的语气。如：

(87)如意儿连忙捏了潘姥姥一把手,就说道:“姥姥,悄悄的,春梅来了。”(《金瓶梅词话》第78回)

(88)还不悄悄的,丫头听见!(同上,第82回)

(89)行者道:“兄弟悄悄的,你们再莫与我说话,只管护持师父,等我干事去来。”(《西游记》第45回)

(90)长老摇手道:“寂寂悄悄的,不要惊动寺僧。”(同上,第92回)

第四,“状态形容词+的$_2$”的使用频率与前代相比有所增加,在明代语料中,尤以《金瓶梅词话》和《西游记》等小说为最多。如:

(91)谁知这花二哥年纪小小的,房里恁般用人。(《金瓶梅词话》第10回)

(92)原是两个小厮,那个大小厮又走了,止是这个天福儿小厮看守前门,后半截通空落落的。(同上,第14回)

(93)遂此四人分吃那饭,那饭热气腾腾的。(《西游记》第53回)

第五,宋代的“底”可以用于比况性短语之后,作为名词化的标记;元代则没有发现这种用法,只有用于比较短语之后的现象;明代“的”既可以用于比况性短语之后,也可以用于比较短语之后。如:

(94)回过身来,到架子边定睛一看时,任迁只叫得苦;一架子馒头、炊饼都变做浮炭也似黑的。(《三遂平妖传》)

(95)还有比他娇贵的,昨日衙门中问了一起事:咱这县中过世陈参政家。(《金瓶梅词话》第34回)

(96)你老人家就是个都根主儿,再有谁大如你老人家的!(同上,第79回)

(97)员外道:“除非再有亲似他的,才夺得他。那里还有?”(《拍案惊奇》卷38)

四、形+的+名

做定语的形容词性成分的情况与宋元时期相同,有性质形容词、状态形容词、形容词性偏正结构、并列结构和谓语是形容词的

主谓结构。与前代相比,明代的"形 + 的 + 名"出现了以下新的特点:

第一,明初仍可用于"形 + 的 + 上头"格式,到了明代后期,这种受蒙古语影响而产生的语言现象就消失了。明初的例子如:

(98)今日个日头,咱弟兄们和顺的上头,皇帝的大福荫里,酒也醉了,茶饭也饱了。(《朴通事谚解》)

第二,金元时代语义指向动词后宾语的"状态形容词 + 的"前置于动词前面的现象,在明代继续存在,不同的是金元时代这种语言现象只出现于戏曲的曲文中,而明代在小说中也有使用。如:

(99)陈秀才喜自天来,却还有些半信不信,揭开看时,只见雪白的摆着银子,约有千余金之物。(《拍案惊奇》卷15)

(100)小的们排开桌凳,拿几盘烂熟虎肉,热腾腾的放在上面。(《西游记》第13回)

(101)只见那魔王宽了衣服,左肐膊上,白森森的套着那个圈子,原来象一个连珠镯头模样。(同上,第52回)

五、动 + 的

明代与结构助词"的"组合的动词性成分的性质与宋元时期大致相同,也有动词和动词性偏正结构、动宾结构、动补结构、并列结构、连动结构、兼语结构,以及谓语是动词的主谓结构和"所V"结构。明代的新特点有:

第一,元代"动 + 的"之后加复数标记"每"、与结构助词"的"组合的包孕性复杂结构的动词性成分、"动 + 的 + 一般"格式、"动 + 的 + 上头"格式等与蒙古语影响有关的现象都消失了。

第二,"有的是"已经语法化为"强调某种事物数量很多"的固定结构。元代"有的是"还处于可以重新分析的阶段,而且用例很少,我们只见到1例:

(102)俺这家前院后有的是草场。(《原本老乞大》16右:03)

而到了明代,"有的是"的使用频率迅速增加,有的是还没有发生语法化的用法。如:

(103)众人多道:“我们用得着的是银子,有的是货物。彼此通融,大家有利,有何不可?”(《拍案惊奇》卷1)

(104)不是这等说,小弟家里有的是钱,没的是官。(同上,卷22)

更多的是已经语法化的用法。如:

(105)原来西门庆后园,那藏春坞有的是果树,鲜花儿四季不绝。(《金瓶梅词话》第56回)

(106)嫂嫂不知,下官在此,虽是山城,管着许多人马,有的是财帛衣服,金银宝物,缺少一个主家娘子。(同上,第100回)

(107)我这里有的是鞭简瓜锤,刀枪钺斧,剑戟矛镰,随你选称手的拿一件去。(《西游记》第29回)

“有的是”用于两项比较或参照的句子中(如例103、例104),只能理解为“存在”“拥有”;当“有的是”单独出现时,就可能发生语法化。朱德熙(1978)指出,在汉语里,凡是指称形式在前分析形式在后的判断句总是表示分类,分析形式在前指称形式在后的总是表示等同。如果核心动词是“有”,那么“钱是有的”实际上相当于逻辑上的特称判断,“有的是钱”则相当于逻辑上的全称判断,即“所有存在的(或被领有的)东西都是钱”。“有的是”发生语法化的原因正在于此。当语法化到达一定的程度之后,“有的是”成为强调数量很多的固定表达法,“是”后面原来一定要带的宾语也成为可以省略的了。如:

(108)你家里不有菖蒲来?有的是里。(《朴通事谚解》)

(109)你说你这般把这一个半个人命儿打死了,不放在意里,那个拦着你手儿哩不成?你打不是?有的是,我随你怎么打,难得只打的有这口气儿在着,若没了,愁我家那病妈妈子来,不问你要人?(《金瓶梅词话》第43回)

第三,表示同一类事物有各种不同的动作行为的两项以上并列的“V的V”结构使用频率大大增加。如:

(110)那贼闻言,喜的喜,怒的怒,爱的爱,思的思,欲的欲,忧的忧,一齐上前乱嚷道:“这和尚无礼!你的东西全然没有,转来和

我等要分东西!”(《西游记》第14回)

(111)挑猪羊的挑猪羊,拿冠带的拿冠带,径到庙里。(《金瓶梅词话》第53回)

第四,出现了“有个(不)VP的”的句式,多用于反问句或感叹句,也有“没有/无个不VP的”的句式,用于陈述句。如:

(112)好三娘,我但知道,有个不来看的?(《金瓶梅词话》第63回)

(113)道士有个轻饶素放的,还要谢将吃酒。(同上,第39回)

(114)金莲道:“你这贼,积年久惯的囚根子,镇日在外边替他做牵头,有个拿不住他性儿的!”(同上,第63回)

(115)我没有个不替你说的。(同上,第72回)

六、动+的+名

明代做定语的动词性成分的性质和宋元时期大致相同,有动词和动词性偏正结构、动宾结构、动补结构、并列结构、连动结构、兼语结构,还有谓语是动词的主谓结构和“所V”结构。与前代相比,明代还有一些新的特点:

第一,元代出现的一些带有蒙古语直译体色彩的语言现象消失了,如较长的、有复杂包孕结构的动词性定语,“有的”用于某些表示存在的名词和中心语之间,等等。

第二,有些动词性定语和中心语之间用了“的”,后面仍然用“之”,“之”和后面的中心语一般结合比较紧密。如:

(116)每日打罢明钟起来,洗脸到学里,师傅上唱喏,试文书的之后,回家吃饭,却到学里上书念一会,做七言四句诗。(《朴通事谚解》)

(117)说与他,套上毡儿,着我看了的之后,着刺边儿刺的细勾着。(同上)

(118)妇人道:“这个都是老公公在时,梯已交与奴收着的之物,他一字不知,大官人只顾收去。”(《金瓶梅词话》第14回)

这种用法并不普遍，应该看做特殊的现象。

第三，某些动词性成分甚至复句插入动宾复合词或动宾短语之间，表示动作的内容。如：

(119)只是奴吃他恁不听人说，常时在前边眠花卧柳不顾家事的亏！(《金瓶梅词话》第13回)

(120)三藏道："正是，要行五拜三叩头的大礼。"(《西游记》第39回)

(121)噫，只为呆子一句通情话，走了猴王变化的风。(同上，第34回)

(122)当日青龙寺，须有个寺僧欠钱；这个西市靴鞶行头，难道有人欠我及第的债不成？(《拍案惊奇》卷40)

七、介词结构＋的＋名

这是宋代出现的格式，到明代的用例仍然很少。如：

(123)看他对众的说话，他恐防有人暗算，故在对门，两处住了，好相照察。(《拍案惊奇》卷3)

八、象声词＋的

(124)恁的贼不识高低货，我倒不言语，你只顾嘴头子哔哩礴喇的！(《金瓶梅词话》第18回)

(125)房檐上喜鹊儿喳喳的，小梅香来报喜。(同上，第73回)

九、象声词＋的＋名

(126)巨灵神抵敌他不住，被猴王劈头一棒，慌忙将斧架隔，呵嚓的一声，把个斧柄打做两截，急撤身败阵逃生。(《西游记》第4回)

(127)西门庆不看万事皆休，看了耳边厢只听飕的一声，魂魄不知往那里去了。(《金瓶梅词话》第17回)

十、成语＋的

(128)其实水秀才原是坐怀不乱的。(《金瓶梅词话》第56

回)

(129)只为欢喜这珠子,又凑不出钱,便落在别人机彀中,把一个冰清玉洁的弄得没出豁起来。(《拍案惊奇》卷6)

十一、成语/引语+的+名

(130)我是一贫如洗的秀才,怎承受得令爱起?(《拍案惊奇》卷10)

(131)好行者,在空中捻着诀,念一声"唵蓝净法界,乾元亨利贞"的咒语,拘唤得北海龙王早至。(《西游记》第77回)

十二、多项定语+的+名

(132)张三嫂道:"是开彩帛铺的胡员外的女儿,见年一十八岁。"(《三遂平妖传》)

(133)正面纸门儿,厢的炕床,挂着四扇各样颜色绫段剪贴的张生遇莺莺蜂花香的吊屏儿,桌上拣妆、镜架、盒罐、锡器家活堆满,地下插着棒儿香。(《金瓶梅词话》第37回)

(134)那衣服倒也有在,我昨日见李桂姐穿的那五色线掐羊皮金挑的油鹅黄银条纱裙子倒好看。(同上,第52回)

十三、复句+的

(135)却又自有转眼贫富出人意外,把眼前事分毫算不得准的哩。(《拍案惊奇》卷1)

(136)虽然如此,然那等熏天赫地富贵人,除非是遇了朝廷诛戮,或是生下子孙不肖,方是败落散场,再没有一个身子上,先前做了贵人,以后流为下贱,现世现报,做人笑柄的。(同上,卷22)

(137)至于那强斯文,老脸皮,虽不成诗,押韵而已的,也偏不识廉耻,诌他娘两句出丑一番。(同上,卷25)

十四、复句+的+名

(138)阮太始道:"老丈还记得雨中叩门,冒称是岳家,老丈闭

他在门外、不容登堂的事么?”(《拍案惊奇》卷12)

(139)休说各衣另饭,当官写立分单,已倒断开了的勾当;只我先嫁由爹娘,后嫁由自己,自古嫂儿不通问,大伯管不的我暗地里事。(《金瓶梅词话》第16回)

明代的“复句+的+名”有很多是做“把/将”的宾语,这是明代“把/将”字句进一步复杂化的表现。如:

(140)当时夫人已知高公意思,把崔县尉在馆内多时,昨已获了强盗,问了罪名,追出敕牒,今日饯行赴任,特请你到堂厮认团圆,逐项逐节的事情,说了一遍。(《拍案惊奇》卷27)

(141)刘氏便将周四如何撑尸到门,说留绢篮为证,丈夫如何买嘱船家,将尸首埋藏,胡阿虎如何首告,丈夫招承下狱的情由,细细说了一遍。(同上,卷11)

(142)王生笑把适才戏写掷瓦,及一男子寻觅东西不见,长叹走去的事,说了一遍。(同上,卷12)

(143)地方把申家向来踪迹可疑,及谢保两年前雇工,昨夜杀了申兰,协同擒了申春并他家属,今日解府的话,备细述了一遍。(同上,卷19)

十五、X的动/形

“的”用于主谓结构的主语和谓语之间,与前代不同的是,中心语出现了并列的动词或形容词结构。如:

(144)这妇人一心只想着西门庆,那里来理会武大的做多做少。(《金瓶梅词话》第5回)

(145)富翁一眼估定这小娘子,恨不得寻口水来吞他下肚去,那里还管炉火的青红皂白?(《拍案惊奇》卷18)

中心语还可以受状语修饰,说明中心语还带有动词、形容词的特性。如:

(146)我的一时间不是,乞那西门庆局骗了,谁想脚踢中了你心。(《金瓶梅词话》第5回)

中心语还可以是成语。如:

(147)只这个故事,可见亲疏分定,纵然一时朦胧,久后自有廉明官府剖断出来,用不着你的瞒心昧己。(《拍案惊奇》卷33)

十六、某些“名+的”插入动宾复合词或动宾短语之间

“名+的”与动词之间有以下两种关系,表示不同的意义:

1.“名+的”表示动作的发出者。这是明代新出现的。这种“名+的+名”有的不能单说,有的可以单说,但是单说时意义与句中不同。如:

(148)待要那时就声张骂起来,又恐怕西门庆性子不好,逞了淫妇的脸。(《金瓶梅词话》第23回)

(149)贼淫妇,趁了你的心了!(同上,第24回)

(150)金莲道:“不是咱不说他,他说出来的话灰人的心,只说人愤不过他。”(同上,第73回)

(151)却把仇家女子美貌,择婿难为人事之名,远近都传播开来,谁知其间动了一个人的火。(《拍案惊奇》卷24)

2.“名+的”表示动作的对象。这种用法在南宋就已经出现,但是在元代几乎没有什么用例,到了明代则大量使用。这种“名+的+名”不能单说。如:

(152)落后书童、琴童、画童也来磕了六房的头,自去厨下吃饭。(《金瓶梅词话》第55回)

(153)当时对他说道:“我受那卫家狗奴的气,无处出豁,他又不肯出屋还我,怎得个计较摆布他便好?”(《拍案惊奇》卷15)

(154)大圣在山根下,高叫道:“是那个在山上吟诗,揭我的短哩?”(《西游记》第8回)

十七、用于“名$_{主}$+动+时量+的+名$_{宾}$”格式

这是明代新出现的组合功能,在元代,这个位置是不用“的”的。如:

(155)如今且说一个拐儿,拐了一世的人,倒后边反着了一个

道儿。(《拍案惊奇》卷16)

(156)大吹大擂,吃了一日的酒。(同上,卷22)

(157)两人唧唧哝哝,讲了一夜的话。(同上,卷29)

"时量+的"从表层形式上来看做名$_{宾}$的定语,有人称之为"伪定语"。名$_{宾}$都是光杆普通名词,其中例155、例156中的名$_{宾}$都是实体名词,"时量+的+名$_{宾}$"不能单说,"时量"成分只能看做动词的补语,不能看做名$_{宾}$的定语;例157的名$_{宾}$是过程名词,"时量+的+名$_{宾}$"可以单说,可以看做是时量补语向时量定语的转化①。从语义来看,名$_{宾}$不管是实体名词还是过程名词,都是无指的,即这些名词性成分的所指对象不是话语中的某个或某些实体,而是侧重于指抽象的属性。换言之,它们不是着重表现词语的外延,而是着重表现词语的内涵。

这时,某些动量补语和名词宾语之间也可以加"的",使动量补语称为形式上的定语,这种用法在现代汉语中已经消失了。如:

(158)两个人各自收拾上床睡了,免不得云情雨意,做了一番的事。(《拍案惊奇》卷2)

(159)这张四见说不动这妇人,到吃他抢了几句的话,好无颜色。(《金瓶梅词话》第7回)

十八、用于动词和宾语之间,与"是"配合指示句子焦点

明代主要有强调句子的主语、状语和直接宾语三种情况。

1.强调现实事件的责任者,即句子的主语。如:

(160)他家大娘子,也是我说的媒,是吴千户家小姐,生的百伶百俐。(《金瓶梅词话》第3回)

(161)偷果子时,我师父不知,他在殿上与你二童讲话,是我兄弟们做的勾当。(《西游记》第25回)

焦点标记"是"也可以省略,但以不省略为常。如:

① 参见黄国营(1982):《"的"字的句法、语义功能》,《语言研究》第1期。

(162)你起的句,如何不肯结果?(《西游记》第64回)

2. 强调已发生的动作的方式、时间、原因等,即句子的状语。"是"可以放在状语的前面,也可以放在动词前面。"是"也可以省略,但也以不省略为常。如:

(163)我实对你说罢了,前者打太医那两个人,是如此如此,这般这般,使的手段。(《金瓶梅词话》第19回)

(164)不思量自己,不是你凭媒娶的妻。(同上,第20回)

(165)娘原是气恼上起的病,爹请了太医来看,每日服药,已是好到七八分了。(同上,第62回)

(166)后边卷棚,昨日才打的基。(同上,第35回)

(167)我才在大官人屋里吃的饭,不要吃了。(同上,第56回)

有时强调的状语是以介词结构出现的与事。如:

(168)玉箫道:"这紫裙子,还是问我借的裙子。"(同上,第22回)

3. 强调动作的受事,即句子的直接宾语。"是"也经常省略。如:

(169)这车上装的什么东西?(《训世评话》37)

据现代汉语的研究,一般"是……的"句的焦点都是落在"是"字后面的第一个成分上(即主语或状语),但也可以是宾语,说话时重音落在宾语上①。明代就已经产生了"是"在动词之前而句子的焦点是动词之后的宾语的现象。如:

(170)他说野猪挑担子,是骂的八戒;多年老石猴,是骂的老孙。(《西游记》第20回)

这种用法受到一定的句法、语义限制,在焦点范围内只有动词,没有其他成分。这里的例子是对比结构,动词相同,宾语不同,因此含有较大的信息量,成为句子的焦点。

宾语有定语时,还可以强调宾语的定语。如:

---

① 见赵淑华(1979):《关于"是的"句》,《语言教学与研究》第1期;杉村博文(1999):《"的"字结构、承指与分类》,江蓝生、侯精一主编《汉语现状与历史的研究》,中国社会科学出版社。

(171)又问:“书童那奴才穿的谁的衣服?”(《金瓶梅词话》第35回)

以上是明代的结构助词“的”的用法。明代非结构助词“的”则出现了以下新的发展。

十九、并列性短语/俗语+的

明代出现了大量的熟语性质的并列式短语,这些短语有明显的描写性质,不管组成的两部分是名词性的、形容词性的还是动词性的,并列以后往往有形容词化的倾向。与“的”组合时,“的”类似状态形容词的词尾“$的_2$”。如:

(172)他少女嫩妇的,留着他在屋里,有何算计?(《金瓶梅词话》第7回)

(173)到底还是媒人嘴,一尺水,十丈波的。(同上,第88回)

(174)想着一来时,饿答的个脸,黄皮儿寡瘦的,乞乞缩缩那等腔儿。(同上,第72回)

(175)玉楼道:“你还没曾见哩,今日早辰起来,打发他爹往前边去了,在院子里呼张唤李的,便那等花哨起来。”(同上,第58回)

还有其他类型的俗语后面也可加“的”。如:

(176)春梅道:“不当家化化的,磕甚么头。”(《金瓶梅词话》第95回)

(177)李瓶儿道:“妈妈子,一瓶两瓶取了来,打水不浑的,勾谁吃,要取一两坛儿来。”(同上,第24回)

二十、用于“V呀V”等短语的后面,有形象化的作用

(178)猴王纵身跳起,拐呀拐的走了两遍。(《西游记》第1回)

(179)那呆子有些怕他,又不敢明明的见他,却往草崖边,溜阿溜的溜在那一千二三百猴子当中挤着,也跟那些猴子磕头。(同上,第30回)

(180)那些贼果找起绳扛,把柜抬着就走,幌阿幌的。(同上,第84回)

二十一、"的"用于假设复句,相当于"的话",是语气助词

元代表假设的"的"仍然只用于具有[+对比性]的语义特征的句子中,明代表假设的"的"所在的句子可以没有[+对比性]的语义特征,但是例子较少,或者句中有"如/若"等表示假设的连词。如:

(181)会事的,把俺女婿须收笼着,照旧看待,还是大鸟便益!(《金瓶梅词话》第86回)

(182)你会事的便去了!(《三遂平妖传》)

(183)温殿直道:"我奉大尹相公台旨,赶捉一个妖僧到你寺中,你莫隐藏了,会事的即便缚将出来。"(同上)

(184)若不中看的,你只把这册儿来烧了,何须把孩儿打?(同上)

(185)左黜道:"你们有请的众人,如有气力的,搬一石两石不打紧,只是不要罗唣。"(同上)

有的用"不的"表示相反的情况,这里的"的"也有表示假设语气的作用。如:

(186)房子卖的卖,不的你着人来看守,你早把奴娶过去罢。(《金瓶梅词话》第16回)

(187)再不的,房子盖完,我烧了灵,搬在五姐那边楼上住两日,等你盖了新房子搬移不迟。(同上)

二十二、"的"用于句末,表示一定的语气,这种"的"是语气助词

元代出现了"的"表示肯定和表示强调的两种用法,明代又出现了表示动作发生在过去的用法。另外,明代"的"做句末语气词的使用频率大大增加。

1. 用不用"的"意思相同,但用"的"后加强肯定的语气。如:

(188)他汉儿言语说不得的,因此上不敢说语。(《老乞大谚解》)

(189)公公,你不曾看见,解开喷鼻香的,里外俱有花色。(《金

瓶梅词话》第 64 回)

(190)你而今就回去得几时,少不得要到公婆家去的。(《拍案惊奇》卷 2)

(191)他不曾开铺的。(《朴通事谚解》)

2. 与"是"配合,强调动作的施事、方式、原因等。如:

(192)前日打了你那一顿,拘了你头面衣服,都是他过嘴告说的。(《金瓶梅词话》第 26 回)

(193)况且他是大模大样过来的,帮闲行里,又不十分入得队。(《拍案惊奇》卷 1)

(194)我原是一些本钱没有的,今已大幸,不可不知足。(同上)

"的"用在某些短语之后,与判断词"是"配合,指示造成某种结果或事态的原因,是明代新出现的语言现象。如:

(195)来兴笑道:"烂了屁股门子,人不知道,只说是臊的。"(《金瓶梅词话》第 35 回)

(196)我这篇是非,就是他气不愤架的。(同上,第 74 回)

(197)这个都是过世老头儿惹的,恰似卖富一般,但摆酒请人,就交家乐出去,有个不传出去的?(同上,第 81 回)

(198)腿上青是他满堂红打的。(《西游记》第 30 回)

3. 表示动作发生在过去。如:

(199)李瓶儿道:"都一答儿哩交姐夫稍来的,又起个窖儿?"(《金瓶梅词话》第 51 回)

(200)薛嫂儿还坐着,问春梅:"他老人家几时来的?"(同上,第 97 回)

(201)秀才官人,几时回家的?(《拍案惊奇》卷 10)

(202)永儿道:"我与婆婆吃的,如何还了奴奴?"(《三遂平妖传》)

二十三、相当于"着"

1. 表示状态的持续。如:

(203)李瓶儿见官哥儿吃了刘婆子药不见动静,夜间又着惊

唬，一双眼只是往上吊吊的。（《金瓶梅词话》第 58 回）

2. V_1 的 V_2，构成连动式，表示两个动作同时进行，有的可以理解为 V_1 表示 V_2 的方式。如：

（204）众仙即忙取了些自收自晒的生熟漆，把他三个布裹的漆了，浑身俱裹漆，上留着头脸在外。（《西游记》第 25 回）

（205）五、六个妇人们坐的缝时，怎么做不出一套衣裳来，赶也赶上做里。（《朴通事谚解》）

3. 用于存在句，表示以某种姿态存在。如：

（206）诸堂客明间内坐的齐整，锦帐围屏，放八仙桌，铺着火盆，摆的案酒。（《金瓶梅词话》第 73 回）

也可以用于表示请求、祈使等非现实句中。如：

（207）请哥这茶房里吃些茶去来。坐的，哥。（《朴通事谚解》）

（208）将交床来，我且外前坐的。（同上）

以上前两种用法在元代已经出现，第三种是明代新出现的用法。

二十四、表示动作的完成，相当于“了”

（209）被时李瓶儿还请的大街坊胡太医来看；后业怕使钱，只挨着。（《金瓶梅词话》第 14 回）

（210）于是筛了两大碗酒，打发秋菊吃的，扣他在厨房内，拿了妇人柬帖儿出门。（同上，第 83 回）

（211）村上人家好善，蒸的白米干饭，白面馍馍斋僧哩。（《西游记》第 85 回）

二十五、用于“动 + 的 + 地点词”格式，相当于“到”

这种用法明朝与元代相比使用频率显著增加。如：

（212）他家如法做得好炊饼，我要问他买四五十个拿的家去。（《金瓶梅词话》第 2 回）

（213）西门庆不当死，不知走的那里去了，却拿这个人来顶缸。（同上，第 9 回）

（214）先生变做老虎赶，行者直拖的王跟前了，不见了狗，也不

见了虎，只落下一个虎头。(《朴通事谚解》)

(215)跳冬瓜跳西瓜，跳的河里仰不搽。(同上)

总之，明代“的”的组合功能与元代相比有了进一步发展，一些受蒙古语影响而产生的语言现象渐渐消失了，同时“的”进一步虚化，产生了一些带有形象化作用的功能，作为语气助词的用例也大大增加。我们把元代“的”的组合功能制成下表：①

	训世	老乞大	朴通事	金瓶梅	西游记	三遂	总计	%
名的	8	36	29	23	15	8	119	4
名的名	182	52	80	158	291	113	876	27
形的	4	49	34	47	41	15	190	6
形的名	16	19	25	36	43	30	169	5
动的	25	62	95	167	196	173	718	22
动的名	153	90	108	182	282	138	953	30
成语的			4	12	3		19	
成的名			3	7	23	6	39	
多定的名	10		5	8	5	9	37	
介的名					2		2	
复句的			1				1	
复句的名				1			1	
X 的动/形	8		4	6	16	3	37	6
动宾之间	3	2		8	10		23	
象声词的				2			2	
象声词的名			1	1	22		24	
V(N 的)O	3			3	2		8	
并列短语的					11		11	
V 呀 V 的					1		1	

① 其中《金瓶梅词话》统计了第1—20回，《西游记》统计了第1—23回，字数都是16万左右。

第二节 “的”字结构的句法功能

明代“的”字结构的句法功能与宋元时期的大致相同。“的”字结构在句中可以做定语、主语、动词宾语、介词宾语、兼语、主谓谓语句的大主语、小主语、复句的分句、谓语、呼语,还可以独立成句。与前代相比,明代“的”字结构的句法功能还有以下特点:

第一,“的”字结构可以做状语。这里的(数)量词重叠、并列性短语等都带有形容词性。如:

(1)自从他去了,弄的这屋里空落落的,件件的都看了我。(《金瓶梅词话》第37回)

(2)到明日,还要他十果十菜的送我们哩!(《西游记》第67回)

第二,“的”字结构做补语表示结果的状态的使用频率大大增加,并且不限于“状态形容词+的”,还可以是某些同样具有描写作用的“并列结构+的”等。如:

(3)教他多有些酸笋,做的酸酸辣辣的我吃。(《金瓶梅词话》第94回)

(4)你家孤老今日请俺们赏菊饮酒,吃的不割不截的,又邀了俺每进来。(同上,第13回)

(5)他家大老婆,那不贤良的淫妇,半日不出来,在屋里骂的我好讪的。(同上,第81回)

(6)我被你前七八棍,后七八棍,打得我不疼不痒的。(《西游记》第56回)

(7)一个和尚偷弄别人的媳妇,偷将去的时节,正撞见他的汉子,却拿着那和尚,打的半死剌活的。(《朴通事谚解》)

“指示代词/疑问代词+的”也可以做补语,表示程度很深。如：

(8)可可今日轮到他手里，便骄贵的这等的了！(《金瓶梅词话》第11回)

(9)孟三姐，早是瞒不了你，咱两个听见来兴儿说了一声，唬的甚么样儿的？(同上，第29回)

(10)不是打了象牙，平白为什么打得小厮这样的！(同上，第35回)

(11)想必是家里没晚米做饭，老婆不知饿得怎么样的。(同上)

第三，"的"字结构做主谓谓语句的小主语的使用频率也大大增加，此时的"的"字结构和大主语是成员和整体的关系。如：

(12)所以聪明正直之人，再不被那一干人所惑，只好哄愚夫愚妇一窍不通的。(《拍案惊奇》卷39)

(13)陆氏及邻舍妇女们惊来问信的，也不知陪了多少眼泪。(同上，卷8)

(14)街坊远近人因昨日这番，都晓得赛儿有妖法，又见变得人马多了，道是气概兴旺，城里城外人喉极的，齐来投他。(同上，卷31)

(15)日间舞弄犹可，夜间看管殷勤，但是马睡的，赶起来吃草；走的捉将来靠槽。(《西游记》第4回)

第四，"的"字结构做谓语的使用频率大大增加，除了"状态形容词+的"外，多是"并列结构+的"或"成语/俗语+的"。如：

(16)行者在暗中细看，见他一个个携手相搀，挨肩执袂，有说有笑的，走过桥来，果是标致。(《西游记》第72回)

(17)每日牵着不走，打着倒退的。(《金瓶梅词话》第1回)

(18)嗔道昨日大白日里，我和孟三姐在花园里做生活，只见他家那大丫头在墙那边探头舒脑的，原来是那淫妇使的勾使鬼，来勾你来了。(同上，第13回)

(19)嗔道贼臭肉，在那里坐着，见了俺每意意似似的，待起不起的。(同上，第25回)

我们统计了《训世评话》等四部明代文献中"的"字结构在句中担任各种句法成分的情况，具体如下表所示：

句法功能＼文献	训世评话	老乞大	朴通事	三遂平妖传	总计	%
定语	369	161	226	299	1055	66
主语	22	74	86	84	266	16. 5
宾语	10	53	43	80	186	12
大主语		5	7		12	
小主语		7		2	9	
谓语	3		10	2	15	
分句		6	3		9	
介宾	1		4	5	10	5. 5
间宾		1			2	
兼语	1	4	5	14	24	
补语			2	1	3	
呼语		1	6		7	

第三节　“的”表自指和转指的功能

明代的名词性成分和谓词性成分加“的”也都有自指和转指两方面的功能。本节的讨论也在“名词性成分＋的”的自指功能以及“谓词性成分＋的”的自指和转指功能两个方面展开。

明代的“的$_s$”与元代比较，用法较为单纯，带有蒙古语直译体色彩的用法基本消失。

一、名词性成分＋的$_s$

1. 形容词谓语句

此种情况用例较少。如：

(1)那举子惊得浑身汗出，满面通红，连声道："都是娘子的是。"(《拍案惊奇》卷3)

2. 非形容词谓语句

这也是继承前代的用法，但出现的频率大大减少。如：

(2)上位说："我笑你丑模样。"无艳回奏："臣女也笑上位的有三般丑处。"(《训世评话》19)

(3)我如今叫付末抓寻着，请得他来，见他一见，有何不可。付末的在那里？(《金瓶梅词话》第31回)

(4)月娘闻得了，也不胜喜欢，又差琴童去请刘婆子的来。(同上，第53回)

(5)到天晓三口儿起来，烧些面汤，娘的开后门泼那残汤，忽见雪地上有一贯钱，吃了一惊，忙捉了把去与员外看了，道："不知谁人撇这贯钱在后面雪地上！"(《三遂平妖传》)

3. "……(便是)……的(便是)"句式

这种用法在《水浒传》中出现得较多，在其他接近明代口语的语料中则基本没有发现，而《水浒传》虽在明代初年成书，但是在成书前民间早已流传，其中的语言可能反映不同的时代层次①。

(6)小人不姓张，俺是东京八十万禁军教头王进的便是，这枪棒终日搏弄。(《水浒传》第2回)

(7)那杨志拍着胸道："洒家行不更名，坐不改姓，青面兽杨志的便是。"(同上，第17回)

(8)乐和道："小人便是孙提辖妻弟乐和的便是。"(同上，第49回)

二、谓词性成分＋的

1. 表示自指

A. "谓词性成分＋的$_s$"做主语

"谓词性成分＋的$_s$"做主语有两种情况。第一种是在形容词谓语句中做主语。这种继承前代的用法成为"的$_s$"用法的主体，出

① 见蒋绍愚(1994)：《近代汉语研究概况》，第27页，北京大学出版社。

现频率相对较高。如：

(9)我前日该听他们劝，置些货物来的是。(《拍案惊奇》卷1)

(10)烟花寨再住上五载三年来，奴活命的少来死命的多，不由人眼泪如梭。(《金瓶梅词话》第50回)

(11)你这嘴脸相貌，生得这等丑陋，若见了他，恐怕吓了他，反为不美，却不如不去认的还好。(《西游记》第30回)

(12)又一个小妖拍着手道："莫说莫说！还是蒸了吃的有味！"(同上，第86回)

(13)小人奉承的便是。(《朴通事谚解》)

第二种情况是在判断句中做主语。"VP 的$_s$"做判断句的主语，这种用法比较少见。如：

(14)娶来的未知心性如何，倘不与我同心合意，反又多了一个做眼的了，更是不便，只是除了他的是高见。(《拍案惊奇》卷17)

B. 做宾语

"谓词性成分+的"做宾语有三种情况。第一种情况是做动词"有/无有/没有"的宾语，表示"(没)有……(底)的情况"。如：

(15)有甚私盐私醋，他有个不知道的。(《金瓶梅词话》第12回)

(16)奴一身都骨朵肉儿都属了你，随要甚么，奴无有不依随的。(同上)

(17)况列位在此，无有我不破钞，反吃白食的。(《拍案惊奇》卷19)

(18)出去走了一番，再没有空手回来的，不论獐鹿兽兔、乌鸢鸟雀之类，但经目中一见，毕竟要算计弄来吃他。(同上，卷37)

第二种情况是做动词"象"的宾语，表示"像……的样子"。如：

(19)只是连连叫他，并不答应，却象不认得我的。(《拍案惊奇》卷2)

(20)等了一会，只见一个后生走到墙边，低着头却象找寻甚么东西的，寻来寻去。(同上，卷12)

(21)一个个伸腰打盹，却象着了孙行者磕睡虫的。(同上，卷19)

(22)要战便象个战的,不可以天晚相推。(《西游记》第17回)

第三种情况是做动词"做"的宾语,表示"装作……的样子"。如:

(23)你做个要嫖他的,设了酒,将银一两送去,外加轿钱一包,抬他到下处来,看个备细。(《拍案惊奇》卷2)

(24)只做无心的走来,对他师徒二人道:"我在此两日了,今日外边去走走再来。"(同上,卷26)

2. 表示转指

元代"动词性成分+底/的"转指的语义角色以施事(包括施事、感事、主事)、受事(包括受事、对象、系事)和结果为主流,还有较少的转指与事、工具和根据,及以内容转指事物的用法。明代的主流与元代相同,但又有如下特点:

第一,转指工具的功能增强,使用频率比元代大大增加。如:

(25)慧澄说道:"夫人爱此珠子,不消得钱,此是一个官人要做一件事的。"(《拍案惊奇》卷6)

(26)你这钯可是与高老家做园工筑地种菜的?(《西游记》第19回)

(27)老君道:"葫芦是我盛丹的,净瓶是我盛水的,宝剑是我炼魔的,扇子是我搧火的,绳子是我一根勒袍的带。"(同上,第35回)

(28)我兄弟三人俱去,这银子是买办猪羊的,且将这银子赏了匠人,教殿下寻几个猪羊。(同上,第89回)

第二,宋代出现的以内容转指事物的现象在明代仍然大量使用。如:

(29)唐三藏引孙行者到车迟国,和伯眼大仙斗圣的你知道么?(《朴通事谚解》)

(30)如今再说一个肆行不孝,到底不悛,明彰报应的。(《拍案惊奇》卷13)

(31)这几句诗,唐朝刘梦得所作,乃是金陵燕子矶怀古的。(同上,卷24)

(32)那贾人妻的,与崔慎思妾差不多。(同上,卷4)

第三,出现了转指原因的用法。宋代已经有了这种功能,元代未见,到明代又出现了。如:

(33)惠莲道:“大清早辰,平白笑的是甚么?”(《金瓶梅词话》第23回)

(34)唐僧听不过道:“仙童啊,你闹的是甚么?消停些儿,有话慢说不妨,不要胡说散道的。”(《西游记》第24回)

第四,可以转指内容、处所,还有动作方式转指事物的,但都比较少见。如:

(35)老魔停杯便问:“那猪八戒吆喝的是甚么?”(《西游记》第34回)

(36)月娘便对西门庆道:“何大人便来看你,我扶你往后边去罢,这边隔二偏三,不是个待人的。”(《金瓶梅词话》第79回)

(37)他这洞,不比走进来走出去的,是打上头往下钻。(《西游记》第82回)

第五,转指结果的使用频率大大增加。如:

(38)这五个好马,我算的该六十两;这十个歹马,我算的该八十两。(《老乞大谚解》)

(39)他问甚么山,我若说是泥捏的,土做的,锡打的,铜铸的,面蒸的,纸糊的,笔画的,他们见说我呆哩,若讲这话,一发说呆了,我只说是石头山。(《西游记》第32回)

(40)行者见一个断了头,血淋津的倒在地下,一个被井木犴拖着耳朵,推跪在地,近前仔细看了道:“这头不是兵刀伤的啊。”(同上,第92回)

第六,从转指的句法成分来看,出现了转指兼语的用法,在兼语位置上用代词替代。如:

(41)那中人叫做王三,是六老平日专托他做事的。(《拍案惊奇》卷13)

第四节　小　结

明代的结构助词“的”的组合功能与元代相比，有继承，有扬弃，也有很大的发展。元代受蒙古语影响出现的某些语言现象在明代基本消失，如较长的含有包孕结构的很复杂的定语、“形 + 的”“动 + 的”之后加复数标记“每”、“形/动 + 的 + 一般/上头”等表达方式。“的”进一步虚化，表现在“的”与某些结构如并列短语、俗语、“V 呀 V”组合，具有形象化的作用，做句末语气词的使用频率大大增加，等等。“的”字结构的句法功能的发展表现在做谓语、做补语表示结果的状态等功能大大加强。表示自指的“$的_s$”与元代相比，带有蒙古语直译体色彩的用法基本消失，用法较为单纯，也更接近现代汉语。表示转指的“$的_t$”则较多地出现了转指工具、结果的用法，还可以转指原因、处所、内容，以内容转指事物，部分转指整体等，与元代相比有了一定的发展。

为了说明明代结构助词“的”的功能的发展，我们比较了《原本老乞大》和《老乞大谚解》中的结构助词“的”，除了一些用不同的说法表达的以外，二者的区别表现在以下几个方面：

1. 受蒙古语影响的说法被改为符合汉语习惯的表达，“VP 的上头”之类的说法消失了(5 例)。如①：

(1)A. 俺汉儿人□(原本缺一字，疑为“上”或“行”字)学文书来的上头，些小汉儿言语省的有。

B. 我汉儿人上学文书，因此上些小汉儿言语省的。

2. 原来定语和中心语之间不加“的”的加上了“的”(19

① A 为《原本老乞大》，B 为《老乞大谚解》

例)。如:

(2)A. 更恁这几个伴当样范,又不是汉儿,又不是达达。

B. 你这几个伙伴的模样,又不是汉儿,又不是达达。

(3)A. 休要底似肥的,带肋条肉买者。

B. 休要十分肥的,带肋条的肉买着。

3. 语气词"呵"改为表自指的"的"(3例)。如:

(4)A. 你这般胡索价钱,我那些个还呵是?

B. 你这们胡讨价钱,我还你多少的是?

4. 某些直接做主宾语的动词、形容词也加上了转指标记"的"(4例)。如:

(5)A. 若做直身袄子,有剩。

B. 若做直身袄子,也有剩的。

5. 某些名词后面也加了表示转指的"的"(2例)。如:

(6)A. 我是快性,捡好钞来。

B. 我是快性的,捡好银子来。

从以上的比较可以看出,明代结构助词"的"基本上摆脱了外来语的影响,并逐渐成为定语和中心语之间必要的标志,表达转指意义时功能也有所增强。

第五章

清代的结构助词"的"

第一节 “的”的组合功能

清代文献资料中，我们主要考察了《老乞大新释》《重刊老乞大谚解》《儿女英雄传》《语言自迩集》《燕京妇语》《小额》等语料，其中前两种分别刊行于1761、1795年，代表18世纪中晚期的语言，第三、四种刊行于19世纪中期，第五、六种刊行于20世纪初。

清代“的”的组合功能进一步向现代汉语接近，到20世纪初基本上与现代汉语相同。与结构助词“的”组合的仍有名词、形容词、动词、介词、成语/引语、复句等。与明代相比，清代语气词“的”的使用频率进一步提高，“的”的形象化作用进一步广泛运用。清代“的”的组合功能具有如下特点：

一、名词性成分+的

1.“的”与代词组合，“的”进一步虚化，很多“的”后面或者无法补出中心语，或者已凝固成固定的表达方式。如：

(1)褚一官一听，心里说：“得了，够了我的了。”(《儿女英雄传》第15回)

(2)老爷说：“不必，你们把这些零碎东西索性都交给我，你们去你们的。”(同上，第38回)

(3)伊老者说：“不用不用，您几位请您的吧。”(《小额》,P8)

(4)我这个叫你劲儿的，装听不见，真有你们的。(同上,P35)

(5)搁着他们的，放着我的，后会有期就是了。(同上,P83)

2.“甚么的”表示“等等”“之类”，可以加在名词性成分之后，也可以加在动词性成分之后。如：

(6)喳，我告诉您纳，树上竟往下掉虫子甚么的。(《燕京妇

语》第16课)

(7)你们把这个柜子和这几张桌子还有茶几儿和凳子甚么的都往外挪挪。(同上,第17课)

(8)这几天归着东西甚么的,又得装箱子。(同上,第8课)

(9)他的官事忙,也许有个平错了甚么的,按说可算不要紧。(《小额》P23)

二、名词性成分+的+名

1. 数量词+的+名。数量词本来可以直接修饰名词,但清代很多数(量)词和中心词之间也加"的",有强调的意味。如:

(10)额家的这些个底下人,向来是没上没下的,一点儿的规矩没有。(《小额》P96)

(11)原来那两个骡夫,……一个姓郎,是个极匪滑贼,长了一脸的白癜疯,因此人都叫他"白脸儿狼"。(《儿女英雄传》第4回)

(12)你老瞧,我这倒有俩来的月没见了,也摸不着是病啊是喜。(《儿女英雄传》第38回)

清代还有"代词+量词+的+名词"的情况。如:

(13)我从店中别后,便忙忙的先到家中,把今晚不得早回的原由禀过母亲,一面换了行装,就到二十八棵红柳树找着我提的那位老英雄,要暂借他三千金,了你这桩的事。(《儿女英雄传》第9回)

2. "X的话"标示话题,或表示假设。"的话"在清代虚化为话题标志和表假设的助词,应该是从"说……的话"虚化而来的。①

(14)大爷的话,路上就有护送你的人,可也得加倍小心。(《儿女英雄传》第3回)

(15)这个兄弟的话呀,是才出萌儿,浑天地黑。(《小额》P7)

(16)皆因是昨儿个的话呀,我们连大兄弟跟您家里的老爷子他们老爷儿俩抬了两句杠。(同上,P28)

(17)老爷子要是在家的话,您给言语一声儿得啦。(同上,

① 江蓝生(2004)对此有详细论述。

P29)

3. 有的"的 + 中心语"被插入语隔开,说明"的"本来是后附性质的,但如果有插入语时,"的"就变成前附性的了。如:

(18) 我还记得他妈说,那个小子是给那一个盐政钞官坐京的一个家人——叫做甚么东西——的个儿子,家里狠过得。(同上,第40回)

三、形容词性成分 + 的

1. "形 + 着的哪/呢"表示程度深,含有夸张的意味,"的"应看做语气词。在《燕京妇语》中很常见,除了形容词性成分以外,还有功能类似于形容词的短语[①]。如:

闹着的哪(3)/忙着的哪(5)/省着的哪(5)/费着的哪(5)/细着的哪(6)/大着的哪(6)/好着的哪(6)/甜着的哪(6)/多着的哪(6)/早着的哪(13)/慢着的哪(15)/多着的呢(语5,12,8)/灵着得呢(小P93)

糊涂着的哪(5)/凉快着的那(6)/实诚著的哪(13)/可恶着的哪(17)/浑实着的哪(儿7)

疼他着的哪(5)/听说着的呢(儿12)/解闷儿着的呢(儿22)/讨人嫌着的呢(儿29)/

2. "状态形容词 + 的"表示请求、祈使语气,多为"悄悄儿的""慢慢儿的"等形式。如:

(19) 你悄悄儿的,看人家听见。(《儿女英雄传》第37回)

(20) 哦,您慢慢儿的罢。(《燕京妇语》第5课)

3. 非谓形容词用于"X的X"并列结构中,也是受动词、形容词组成的这种结构的类推作用形成的。如:

(21) 即成幸而无事,你瞧,这爷儿三个,老的老,少的少,男的男,女的女,露头露脑,走到大路上,算一群逃难的,还是算一群拍

---

① 参见江蓝生(1995):《〈燕京妇语〉所反映的清末北京话特色(下)》,《语文研究》第1期。"儿"代表《儿女英雄传》,"语"代表《语言自迩集》,"小"代表《小额》。

花的呢？(《儿女英雄传》第9回)

四、X的动/形

清代“的”用于主谓结构的主语和谓语之间时，中心语除了可以是并列的动词结构以外，还可以带宾语，说明中心语还是动词性的。如：

(22)又听老爷往下说道：“我的怕作外官，太太是知道的，此番偏偏的走了这条路。”(《儿女英雄传》第2回)

(23)安公子此时的感激姑娘、佩服姑娘，直同天人一样。(同上，第8回)

(24)老爷听了这话，心下一想：“要是这样的顽法，这岂不是拿着国家有用的帑项钱粮，来供大家的养家肥己、胡作非为么？”(同上，第2回)

(25)这等才貌双全的一个安公子，他还恐怕我有个不愿意，要问我个牙白口清，还不许不说，这个人心地的厚，肠子的热，也算到了头儿了。(同上，第9回)

五、并列结构+的

清代的“并列结构+的”使用频率进一步增大，这些并列结构从语义上来看与状态形容词类似，都具有形象化描写的作用，与之组合的“的”也类似一个词缀，语法功能进一步虚化。这些并列结构有名词性的、形容词性的，还有动词性的。“并列结构+的”除了做谓语、补语外，还可以充当宾语、定语、状语。如：

(26)先是南边人，说话吾呀吾呀的，听不明白，把学生更给闹糊涂了。(《燕京妇语》第5课)

(27)有个大事小情儿的，贪图他进点儿贡，潲点儿水，平常吹了个咿嘟嘟、唔嘟嘟的。(《小额》P58)

(28)褚大娘子在一旁说道：“我看老爷子今日的酒又有点儿过去了，人家二叔问的是十三妹，你老人家可先说这些陈谷子烂芝麻的作甚么？”(《儿女英雄传》第15回)

(29)他们若不拿着这么长那么短的利害话吓唬人,怎么诓骗人的钱财呢?(《语言自迩集》第五章,80,2)

(30)额少锋是三两五两、十吊八吊的周济。(《小额》P132)

"并列结构+的"的形象化作用还表现在前面可以加表示程度的代词"这么/这们"。如:

(31)老大,你别这们你我他三(萨平声)的,听我告诉你。(《小额》P22)

六、用于"X啊Y"等短语的后面,有形象化的作用

明代主要是"V呀V的"格式,只能做谓语、状语,清代X和Y还可以是不同的名词、形容词、动词,除做谓语、状语之外,还可以充当主语、宾语、定语。如:

(32)回手拔箭的空儿,只见麅子的尾巴动啊动的,一转眼就跑过了山梁儿。(《语言自迩集》第五章,89,2)

(33)忽然鬼啊怪的,作起祟来了。(同上,37,4)

(34)那信里还有句甚么"空"啊"空"啊的,那是甚么话呀?(《儿女英雄传》第40回)

(35)刚一进院子,就听见上房里头,说啊笑的声儿。(《语言自迩集》第五章,82,4)

(36)把内里所有好啊歹的东西,都打下来了,这心里才觉着松快些儿。(同上,48,3)

七、用于"名$_{主}$+动+时量+名$_{宾}$"格式的例子增多

名$_{宾}$大多都是实体名词,"时量+的+名$_{宾}$"不能单说,因此时量成分只能看做动词的补语,不能看做名$_{宾}$的定语。如:

(37)这安公子才作了一天的女婿,又遇见这等一个不善词令的丈母娘,脸上有些下不来,说:"我换上了,钮襻儿将就着罢。"(《儿女英雄传》第11回)

(38)你念了多少日子的书?我念了十个月的书。(《语言自迩集》第三章,6.4)

与明代不同的是，明代的名$_{宾}$都是无指成分，而清代的名$_{宾}$还可以是专有名词，是有指的(如例39)，而现代汉语中这样的说法已经消失了。

(39)公子关了门，倒招呼了半夜的嬷嬷爹，这才沉睡去。(《儿女英雄传》第3回)

还有某些时量词组插入动宾结构的复合词之间，时量成分也只能看做动词的补语。如：

(40)十三妹纳了半天的闷儿，忽然明白了。(《儿女英雄传》第9回)

(41)论到在下，从先也造过几年的孽。(《小额》P112)

(42)小那狗耳朵奋拉着很好看，打算要买，合他讲了半天的价儿，总没有停当。(《语言自迩集》第六章，18，6)

也有的名$_{宾}$是过程名词，"时量+的+名$_{宾}$"可以单说，可以看做是时量补语向时量定语的转化①。如：

(43)偏偏从工完这日下雨起，一连倾盆价的下了半个月的大雨。(《儿女英雄传》第2回)

(44)已经认得府上了，改日再来，咱们坐着说一天的话儿。(《语言自迩集》第五章，73，17)

八、某些"名+的"插入动宾复合词或动宾短语之间，表示致使的较少，大都是表示动作的对象

(45)他父母生下这种样儿的贱货儿来，讨人家的厌，也实在是没德行咯！(《语言自迩集》第五章，64，4)

(46)况且这位安老爷又是才、学、识三者兼备的人，当公子说的时节，便不肯用话打他的岔，默默凝神静气去听。(《儿女英雄传》第12回)

(47)如今他跟着他师父弄得家成业就，上年他还捐了书子来，教我们两口子带了随缘儿告假出去，脱了这个奴才坯子，他们养我

① 参见黄国营(1982)：《"的"字的句法、语义功能》，《语言研究》第1期。

的老。(同上,第3回)

(48)请太爷的示,书办这主意如何?(同上,第11回)

其中例45表示致使,例46至例48表示动作的对象。

九、用于动词和宾语之间,与"是"配合指示句子焦点的功能加强

清代和明代一样,主要有强调句子的主语、状语和直接宾语三种情况。

1. 强调现实事件的责任者,即句子的主语。如:

(49)额少峰倒没甚么得罪人的地方儿,都是他手底下那把子催把儿给惹的事。(《小额》P38)

还可以是宾语从句的主语。如:

(50)心里明知道是孩子闹的诡,他偏不那们说。(《小额》P22)

"是"可以用表示存在的"有"代替。如:

(51)有一个船上的伙计小沈给拉的纤。(《小额》P82)

2. 强调已发生的动作的方式、时间、原因等,即句子的状语。如:

(52)这又奇了,你方才不是这个样儿见的我么?(《儿女英雄传》第8回)

(53)那姑娘是七岁上就裹的脚,不怎么那一双好小脚儿呢。(同上,第14回)

(54)这个话,你是知道我的事情说的呀,还是揣摩着说的呢?(《语言自迩集》第五章,29,2)

"是"经常省略。如:

(55)这才慢慢的问他几岁上留的头,几岁上裹的脚,学过话计不成,有了婆家没有。(《儿女英雄传》第9回)

(56)有一回我们逛克,人家在园子里给我们沏的茶,我们都爱喝。(《燕京妇语》第6课)

(57)二儿子新定的亲,姑娘二十啦,也有了人家儿啦,一半年

娶。(《小额》P9)

3. 强调动作的受事,即句子的直接宾语。可以是动词宾语,也可以是介词宾语。“是”经常省略。如:

(58)安公子道:“姑娘先许的送我,自然是送了我去。”(《儿女英雄传》第9回)

(59)又问:“说的谁家姑娘?姑娘十几?”(同上,第14回)

(60)你难道没带着眼睛,还要问‘却是为何’?所为的要合你借几两盘缠用用!(同上,第14回)

十、用于假设复句表示假设的语气助词除了上面提到的“的话”用得较多以外,还有少量的“的”和元明时期假设助词“时”双音化以后产生的“的时候”

“的”做假设助词的用法产生以后始终没有广泛运用,而“的时候”则继承了表时间的“时”,使用频率相对较高。如:

(61)你是会的,破个笑脸儿,双手捧来便罢;倘若不肯,我也不叫你过于为难。(《儿女英雄传》第15回)

(62)不然的时候,可惜这样个好缺,只怕咱们站不稳。(同上,第2回)

(63)姑爷,你换下来给我快拿去罢,不的时候,姑娘他也是着急。(同上,第11回)

(64)依呢就依了,如果不依的时候儿,再作道理,预备也不迟啊。(《语言自迩集》第五章,66,2)

十一、“的”用于句末,表示一定的语气

清代语气助词“的”有表示肯定、表示强调、表示动作发生在过去三种用法,使用频率进一步增加。如:

(65)他妈也道:“不错,这话有的。”(《儿女英雄传》第14回)

(66)那不是在果盘里哪吗,刚才你搁的。(《小额》P27)

(67)甲:我写礼帖儿写得了。乙:怎么写的?(《燕京妇语》第12课)

十二、相当于“着”“了”的用法几乎未见，只有极少数的例子

(68)是啊，这里头还夹杂的个甚么褚一官儿呢。（《儿女英雄传》第12回）

元明时期广泛使用的“坐的”也消失了，这种变化在清初就开始了。比较明代的《老乞大谚解》和清初的《老乞大新释》中相应的句子就可以发现：构成连动式，表示两个动作同时进行的“的”换成了“着”①。如：

(69)A. 将卓儿来，教客人们只这棚底下坐的吃饭。

B. 拿卓子来，教客人们就在这棚子底下坐着吃饭。

用于表示请求、祈使等非现实句中的“的”成为不必要的成分。如：

(70)A. 都请将来，栏门盏儿都把了，请家里坐的。

B. 客人们都到门了，先要吃个到门盏才是。各位请家里坐。

相当于“了”的换成了“了”。如：

(71)A. 你烧的锅滚时，下上豆子，但滚的一霎儿，将这切了的草，豆子上盖覆了，休烧火，休教走了气，自然熟了。

B. 你把锅烧滚了，下上豆子，但看水开了一会儿，把那铡的草，放在豆子上，盖好了锅，也不用烧火，只教不要走了气，自然熟了。

十三、用于“动＋的＋地点词”格式，有的相当于“到”，有的相当于“在”

在19世纪初这种用法很普遍。如：

(72)他们住营子里他姨儿那儿了？住的他姨儿那儿了。（《燕京妇语》第6课）

(73)他们洗衣裳洗得了就晒的那河边儿草地上。（同上）

(74)你先把这封信给送的府里去。（《小额》P18）

---

① A代表《老乞大谚解》，B代表《老乞大新释》。

(75)这回事你们几位不用管了,我们不定闹的那儿去哪。(同上,P30)

(76)连急带气带窝心,得了一场夹气伤寒,就呜呼的里头啦。(同上,P82)

十四、在并列的词语后,表示"等等""之类",表示举例,跟"什么的"同义

这种用法在元代开始萌芽,到明代还几乎没有,到清代才渐渐多了。如:

(77)你们到底弄得车辆牲口的围了一门口子,这是怎么个原故?(《儿女英雄传》第15回)

(78)如今看了看那木盆,实在腌臜,自己又不耐烦再去拿那脸盆饭碗的这些东西。(同上,第4回)

十五、"大+时间词+的",强调在这个时间做某种事不合适

(79)大清早晨的,甚么事情,你满门口这们嚷嚷啊。(《小额》P22)

十六、在指人的名词和指身份的名词中间加"的",表示某人取得某种职务或身份

这是清代才产生的用法。如:

(80)小额先头啦那个夫人儿还是明五爷的媒人哪。(《小额》P78)

十七、"的"进一步虚化,只起调节音节的作用

威妥玛在《语言自迩集》中认为下面例子中的"的"只有"韵律功能"①:

(81)他那铺子东城有三个,西城有四个,我们这儿没有那么大的买卖。

---

① [英]威妥玛(2002):《语言自迩集——十九世纪中期的北京话》,第67页,张卫东译,北大出版社。

威妥玛的意思可能是说这个“的”是可用可不用的，不过从书中所举的例子来看，还是以带“的”为常，“那么+形容词”是属于定量化的形容词短语，和中心语之间大多还是要用结构助词“的”的。不过清代可能还是有一些“的”已经虚化到只有韵律功能的地步了。如：

(82) 无非是跟着嫖看赌白吃猴，从中的取事。(《小额》P44)

(83) 今儿好利害呀！自从立夏之后，可以说得起，是头一天儿的热咯！(《语言自迩集》第五章，93，1)

第二节 “的”字结构的句法功能

清代“的”字结构的句法功能与明代大致相同。“的”字结构在句中可以做定语、主语、动词宾语、介词宾语、兼语、主谓谓语句的大主语、小主语、复句的分句、谓语、呼语，还可以独立成句。与明代相比，清代“的”字结构的句法功能有以下特点：

第一，“的”字结构做谓语的使用频率较高，除了“状态形容词+的”“并列结构+的”和“成语/俗语+的”外，“大/怪/够”等程度副词修饰的形容词或类似于形容词的结构也大量充当谓语。如：

(1) 天还大亮的，那里就讲到睡觉了呢？(《儿女英雄传》第11回)

(2) 人家孩子可怪委屈的，我今日补着下个定礼罢。(同上，第12回)

(3) 姑娘忙拦他道：“算了，够酸的了！”(同上，第8回)

第二，“的”字结构做状语的使用频率增加，数量词重叠和并列结构都可以加“的”做定语。如：

(4) 姑娘本是个机警不过的人，如此一层层的往里追究进去，心里早一时大悟过来。(《儿女英雄传》第22回)

(5)这一年之中，你我各各的经了多少沧桑，这日月便如落花流水一般的过去了。（同上，第30回）

(6)不当家花拉的，也有个白眉赤眼儿的就这么开斋的？（同上，第27回）

第三节 “的”表自指和转指的功能

一、表自指的“的$_s$”

清代表示自指的“的$_s$”的用法与前代相比更为单纯，而且到了晚清，基本上与现代汉语的情况相同，只能用于谓词性成分之后。

1.“谓词性成分＋的$_s$”做主语

A. 形容词谓语句

这是“的$_s$”的主要用法。能进入这种句子的形容词范围较小，而这种形容词谓语句实际上就是取舍句。如：

(1)到那里时候虽早也好，歇息牲口，明日早行的便宜。（《老乞大新释》）

(2)想了想，还是当强盗的好，因投奔山上落草。（《儿女英雄传》第11回）

(3)大家让起来，倒显得拘泥，还是随便的好。（《语言自迩集》第四章，17）

B.“……(便是)……的(便是)”句式

如上一章所述，这种句式在明代的口语中已经逐渐消失，在清代则更少见，而且作为人物介绍，有一种修辞的意味，表现出一种“江湖气息”或轻蔑的语气。如：

(4)你听着：我也不是你的甚么大师傅，老爷是行不更名、坐不改姓、有名的赤面虎黑风大王的便是！（《儿女英雄传》第5回）

(5)若问他夫妻姓甚名谁，便是上回贾琏所接见的多浑虫灯姑娘儿的便是了。（《红楼梦》第77回）

2."谓词性成分+的$_s$"做宾语

"VP的$_s$"用于取舍句、比较句和紧缩句,其共同点为都是表示一种假设的情形。如:

(6)正是呢,有叫人撵的,不如我先撵。(《红楼梦》第75回)

(7)这可不是小事,真要丢了这个,比丢了宝二爷的还利害呢。(同上,第94回)

(8)女子说:"有跑的不来了,等着请教。"(《儿女英雄传》第6回)

二、"谓词性成分+的$_t$"表示转指

清代"动词性成分+的$_t$"转指的语义角色仍以施事(包括施事、感事、主事)、受事(包括受事、对象、系事)和结果为主流,还有转指工具和以内容转指事物的用法。

1.转指工具的用法从明代开始增多,到清代仍较常见。如:

(9)我劝你的不是好话?张嘴就讲骂,动手就讲打。(《儿女英雄传》第7回)

(10)十三妹想起他那只手是方才拧尿裤裆的,连忙拦他道:"你那两只手算了罢!"(同上,第9回)

(11)安公子说:"不怕,水不凉,这是我才刚擦脸的,还温和呢!"(同上)

(12)那一把木梳是谁梳头的?(《语言自迩集》第三章,12.9)

2.转指原因的和内容转指事物的现象在清代仍然存在。如:

(13)这男婚女嫁是人生大礼,世上这些女孩子可臊的是什么,我本就不懂!(《儿女英雄传》第9回)

(14)您猜他楞的是甚么,他有他的鬼胎。(《小额》P40)

(15)那说书说古的,菩萨降妖捉怪的多着呢!(《儿女英雄传》第8回)

3.可以转指与事,在间接宾语的位置上由代词代替。如:

(16)说到这里,老爷忙问道:"这姓褚的可是人称他褚一官的不是?"(《儿女英雄传》第14回)

4.明代出现的转指兼语的用法在清代依然可见,但与明代的句式不同。如:

（17）那时安老爷留在家中照料家务的，还有个老家人，姓张，名叫进宝，原是累代陈人，年纪有七十余岁。（《儿女英雄传》第3回）

第四节　小　结

清代的结构助词"的"的组合功能、句法功能、自指和转指的功能和明代大体相同，并向现代汉语更接近了一步。某些现代汉语中口语性较强的说法在清代基本上都已经完备，如相当于"着""了"的用法基本消失；出现了"大＋时间词＋的"的用法；出现了在指人的名词和指身份的名词中间加"的"，表示某人取得某种职务或身份的用法，等等，都使语言面貌接近了现代汉语。另一个重要的表现是语气词"的"的广泛运用。我们比较了明代《老乞大谚解》和清初《老乞大新释》中的"的"，除了一些用不同的说法表达的以外，二者的区别主要表现在以下几个方面①：

1. 原来定语和中心语之间不加"的"的加上了"的"（13例）。如：

（1）A. 近有相识人来说，马的价钱这几日好。

B. 近有相识的人来说，马的价钱这几日好。

2. 原来句末没有语气词的加上了语气词"的"（28例）。包括表示肯定；表示动作发生在过去；与"是"配合，强调动作的施事、方式等。如：

（2）A. 这洒子是不沉水，怎生得倒？

B. 这洒子是不沉水的，怎么得满盛了水了呢？

（3）A. 你这几个火伴从那里合将来？我沿路相合着做伙伴北京去。

B. 你这几个火伴从那里同来的？这是我沿路上做火伴一

① 下面例子中，A是《老乞大谚解》中的例句，B是《老乞大新释》中的例句。

同往北京去的。

(4) A. 你这般学汉儿文书时，是你自己心里学来，你的爷娘教你学来？是我爷娘教我学来。

B. 你这样学中国人的书，是你自己要去学来啊，还是你的父母教你去学的么？是我父母教我去学的。

3. 表假设的语气助词“时”改为“的”(7 例)。如：

(5) A. 那般时，最好。

B. 这么的呢，狠好。

4. 某些直接做主宾语的动词、形容词等也加上了转指标记“的”(3 例)。如：

(6) A. 早修起了，比在前高二尺阔三尺，如法做的好。

B. 早修起了，比在前的高二尺阔三尺，越发做的甚好。

5. 去掉了原来表示自指的“的”(6 例)。如：

(7) A. 你这们胡讨价钱，我还你多少的是？

B. 你胡讨价钱，我还你多少是呢？

6. 原来用方位词“上”表示领有的改为用“的”表示(1 例)。如：

(8) A. 你是姑舅弟兄，谁是舅舅上孩儿，谁是姑姑上孩儿？

B. 你既是他姑舅弟兄，谁是舅舅的儿子，谁是姑姑上儿子呢？

7. 原来表示状态持续和依托、凭靠的方位词“里”改为用“的时候”“的”(各 1 例)。如：

(9) A. 劳困里休饮水，等吃一和草时饮。

B. 那马劳困了的时候，不要就饮水，等他吃一会儿草再去饮。

(10) A. 托着哥哥们福荫里，也有些利钱。

B. 托赖大哥们的洪福，也有些利钱。

8. 原来相当于“着”“了”的换成了“的”，见第一节的例子。

从以上的比较可以看出，清代结构助词“的”进一步摆脱了外来语的影响，并成为定语和中心语之间必要的标记，表示自指的功能进一步衰退，而作为句末语气词的功能则大大增强，使汉语表达复杂情态和语气的手段更加丰富。

结 语

第一节　汉语结构助词“的”及其发展

一、结构助词“的”的来源

结构助词“的(底)”的来源是一个很复杂的问题,目前还存在争议,没有确定的答案。但从语法功能来看,结构助词“的(底)”与“者”和“之”都有关系:我们经过考察发现,从语义和语法分布来看,先秦的“之”“者”“所”三分天下的格局到了魏晋南北朝时期发生了很大的转变,“者”侵入了“所”的功能领域,除了转指施事外,还能够转指受事,而转指受事的“VP 者”受“所 VO”的影响,后面又可以加上中心语 O,从而具备了用于语中的用法。但是,“VP 者 O”中的“者”与用于定语和中心语之间的“之”性质不同:“者”是后附性的,“VP 者”是同位性定语,而“之”一方面不具备用于“VP 底 O”结构的功能,另一方面,“之”的性质是插入性的,“VP 之”不能单说。因此,用于语中的“者”实际上是先出现在同位性定语中,这与“底”的情况一致。敦煌变文中的“动 + 底 + 名”全部是“V 底 O”,《祖堂集》中才开始出现非同位性的定语。也就是说,“者”虽然有了语中用法,但始终没有发展出用于非同位性定语和中心语之间的功能,这种功能是在“底”产生以后实现的。这说明,“底”和“者”“之”均有关系,“底”开始时继承了“者”的主要用法,后来又侵入了“之”用于非同位性定语和中心语之间的领域。

二、“之”“者”“所”功能的衰退和“的(底)”的发展以及定中之间零标记现象的消失

敦煌变文中,名词和形容词性修饰语均有大约半数是不加定语标志“之”直接修饰名词的,而动词性修饰语则有 75% 用了定语标记“之”。到了五代时期的《祖堂集》中,名词性修饰语和中心语

之间的“之”数量减少，只占25%，而“底”也还没有占据这个位置，以零标记为常。形容词性修饰语和中心语之间有标记和零标记的数量比例为1:1，而动词性修饰语和中心语之间仍然以用标记为常，有标记与零标记之比约为2:1，其中“底”与“之”的使用频率大致相当。这说明晚唐五代“之”的使用开始萎缩，修饰语和中心语之间零标记的现象很常见，而“底”首先在动词性修饰语之后大量地替代了“之”。

宋初和南宋的情况很不相同。到了12世纪左右，名词性修饰语和中心语之间有标记和零标记开始平分秋色，有标记的则多加“之”，“底”只占很小的比例。形容词/动词性修饰语和名词中心语之间有标记的都超过了零标记的现象，“底”也在这两类定语之后广泛运用。在转指标记方面，到了12世纪，名词和形容词性成分之后“底”都超过了“者”的出现频率；动词性成分之后则大部分还是旧标记“者”“所”的天下，“底”只占18%左右。

到了元代，名词性修饰语和中心语之间仍然有一半没有标志；形容词和中心语之间也有大量无标志的情况，动词性修饰语和中心语之间的零标记现象已经非常罕见，绝大多数都使用了结构助词“的”。“的”成为定语和中心语之间必要的标记基本上是在明代完成的。“之”“者”“所”等在元代口语中的使用已经大大萎缩，口语中表示转指的功能基本上都由“的”来承担，“之”只是出现在一些固定说法之中。

综上所述，“之”“者”“所”功能的衰退和“的(底)”的发展有密切的关系，前者渐渐为后者所代替；而定中之间零标记现象的消失与“的”对“之”等的替换并不同步，从时间上看是滞后于这种替换的。

三、“的”的组合功能的发展与“的”的语法性质的变化

唐代敦煌变文中结构助词“底”的组合格式有四种：“名+底”“动+底”“形+底+名”和“动+底+名”；到五代时期，又增加了“名+底+名”和“形+底”，但“名+底+名”的数量很少，只有不

典型的5例。

宋代“底”的组合功能大大加强，很多现代汉语重要的语法现象在12—13世纪左右已经出现。在组合格式上增加了“介词结构+底+(名)”“成语/引语+底+(名)”“多项定语+底+名”“复句+底+(名)”等形式。另外，用于主谓结构主语和谓语之间的“底”、用于动词和宾语中间，与“是”配合指示句子焦点，强调已发生的动作的方式(类似现代汉语“我是昨天进的城”)、在某些动宾复合词或动宾短语中间插入指人的名词加“底”，表示某人是动作的对象(类似现代汉语“开他的玩笑”)、作为语气助词用于假设复句，相当于“的话”等功能都是在此时产生的，这使得“底”的性质发生了巨大改变。

元代“底”的组合功能在宋代的基础上有了进一步发展。在用于动词和宾语之间，与“是”配合指示句子焦点时，除了可以强调已发生的动作的方式外，还可以强调现实事件的责任者(即句子的主语)、动作的受事(句子的直接宾语)、动作的与事(即句子的间接宾语)。元代出现的另一个重要的语法现象是“的”用于句末，表示一定的语气，这种“的”是语气助词，可以表示肯定，也可以强调动作的施事、方式、目的等。这些功能说明“的”的意义进一步虚化，也使得汉语的面貌发生了极大的改变。另外，“底”有相当于“着”的用法，表示状态的持续，或构成连动式，表示两个动作同时进行；还有相当于“了”的用法，表示动作的完成；开始用于“动+的+地点词”格式；在并列的词语后，表示“等等、之类”，表示举例，跟“什么的”同义。

明代出现了“并列式短语/俗语+的”的形式并迅速广泛运用；“的”用于“V呀V”等短语的后面，有形象化的作用；某些“名+的”插入动宾复合词或动宾短语之间表示动作的对象的用法在南宋就已经出现，但是在元代几乎没有用例，到了明代则大量使用；在这种位置上还可以表示动作的发出者，这是明代新出现的。明代新出现的语言现象还有：“的”可以用于“$名_{主}$+动+时量+的+$名_{宾}$”格式；“的”作为语气助词用于句末，除了表示肯定和表示强调以外，出现了表示动作发生在过去的用法；“的”用在某些短语之后，与判断词“是”配合，指示造成某种结果或事态的原因；“的”做句末语气助词的使用频率也大大增加；相当于“着”，除了元代已经产生的用法外，还可以用于存在句，表示以某种姿态存在；用于“动 + 的 + 地点词”格式，相当于“到”的使用频率显著增加。这些都是口语性很强的用法，使得“的”的组合功能进一步接近现代汉语的面貌。

清代“的”的组合功能进一步向现代汉语接近，到 20 世纪初基本上与现代汉语相同了。表示“等等”“之类”，可以用“的”，也可以用“甚么的”；用于“X 啊 Y”等短语的后面，有形象化的作用；“大 + 时间词 + 的”，强调在这个时间做某种事不合适；在指人的名词和指身份的名词中间加“的”，表示某人取得某种职务或身份（类似“你的主席”），这是清代才产生的用法。另外，用于“动 + 的 + 地点词”格式，有的相当于“到”，有的相当于“在”，这种用法在 19 世纪初的口语中广泛使用；“的话”发生虚化，可以标示话题，也可以表示假设。相当于“着”“了”的用法几乎消失，句末语气词“的”的使用频率进一步提高，“的”还进一步虚化，产生只起韵律作用的用法。

四、“的”字结构的句法功能的发展

唐代敦煌变文中“名词性成分 + 底”做定语的功能还没有产生，绝大多数是动词性定语，“X 底”在句中除了做定语之外，还可以做主语和宾语。五代时期的《祖堂集》中出现了 5 例名词性定语，动词性成分做定语的则占了全部定语的 92%。

宋代“底”字结构的句法功能已经很完备了，在句中可以做定语、主语、动词宾语、介词宾语、兼语、主谓谓语句的大主语、小主语、复句的分句，还有少量的做谓语、呼语，甚至可以独立成句。其中做定语的占 62%，并且到南宋已经出现了较为复杂的定语。

元代“的”字结构的句法功能与宋代的大致相同。“X 的”做定语仍然是最常见的用法（60%），名词性定语的数量明显增加；“X 的”做谓语的用例增多。元代还出现了“状态形容词 + 的”用在“动

+得”之后做补语，表示结果的状态这一新的句法功能。

明代“的”字结构的句法功能与前代也大致相同。此外，“的”字结构可以做状语；“的”字结构做补语表示结果的状态的使用频率大大增加，并且不限于“状态形容词+的”，还可以是某些同样具有描写作用的“并列结构+的”等；“的”字结构做谓语的使用频率也大大增加，除了“状态形容词+的”外，多是“并列结构+的”和“成语/俗语+的”。

清代“的”字结构做谓语的使用频率较高，除了“状态形容词+的”“并列结构+的”和“成语/俗语+的”外，“大/怪/够”等程度副词修饰的形容词或类似于形容词的结构也大量充当谓语。

五、“的”的自指和转指功能的发展

独用的表自指的“底/的”字短语产生于五代时期，是一种新兴的用法，是谓词性成分指称化的标记。目前可见最早的“底$_s$”字短语是《祖堂集》中的例子，都是“VP底$_s$”。这一时期“底$_s$”的用法较为单纯，大多用于选择疑问句和取舍句。宋代“底$_s$”的用法大大膨胀，不但可以用于谓词性成分之后，还可以用于体词性成分之后，而由于后者是继承了文言中的“者”，因此虽然改头换面，但还是有较强的文言色彩。元代除了继承取舍句等用法之外，还受蒙古语的影响，产生了“VP的$_s$”做受事主语的用法。而“……（便是）……的（便是）”句式也有蒙古语影响的成分。明、清时期的“的$_s$”渐渐消除了外来语和文言的影响，元代的上述两种用法和“NP的$_s$”都在口语中消失了，从形式上来看基本上只保留了五代时期的取舍句。因此可以说，独用的表自指的“底/的”字短语在近代汉语中的发展呈现出一种“单纯——复杂——单纯”的趋势。

唐五代“VP底$_t$”转指的语义角色有施事（包括施事、感事、主事）、受事（包括受事、对象、系事）和结果，这几种从宋代到清代一直是“VP底$_t$”转指的语义角色的主流。宋代除此之外还出现了转指工具、方式、处所、原因、根据和内容的用法，说明宋代的“VP底”表示转指的功能已经有了很大发展，但有一些转指的功能在现代汉语中却是不合法的。

元代也有少数转指工具、根据、以内容转指事物的现象,此外还出现了转指与事的现象,而宋代“VP 底/的”转指原因、处所、方式、内容的现象在元代的语料中没有发现。从转指的语义角色的数量来看,元代和宋代相比有减少的趋势,这也是向现代汉语接近的表现。

明代则又出现了少数转指原因、内容、处所的用法;仍然有以内容转指事物的;转指结果、工具的使用频率大大增加;出现了少数动作方式转指事物的现象;从转指的句法成分来看,出现了转指兼语的用法,在兼语位置上用代词替代。

清代转指工具的用法仍较常见;转指原因的和内容转指事物的现象在清代仍然存在;可以转指与事,在间接宾语的位置上有代词代替;明代出现的转指兼语的用法在清代依然可见,不同的是在兼语位置上没有代词替代。

第二节 “的”的语法化

语言的演变除了实词语法化为虚词之外,还包括不太虚的成分向更虚的成分发展,这是一个连续的过程。“的”的发展也不例外。

结构助词“的”产生以后,使用频率不断增加。较高的使用频率促使“的”的语法意义由单一向复杂发展,性质不断变化,承担了更多功能,意义更加虚化。在“的”进一步语法化的过程中,以下因素起了重要作用:

一、语境的作用

“的”的很多功能都是首先借助一定的语境实现的,新的语法意义实际上是由虚词“的”和具体的上下文共同承担的，这也有助于受话人理解这种新的语法意义。在长期使用的过程中，语法意义对语境的要求降低，“的”的分布发生泛化，在没有原来要求的语境时，人们也可以理解原来整个语境表达的意义。这种语法功能就转移到虚词“的”的身上，由“的”单独承担，“的”也就发展出新的语法意义。“的”虚化为表假设的语气助词的过程就是如此。这种语法化的语境是显性的对比结构，[+假设性]语法意义是由[+对比性]的句式语义和“的”共同实现的。后来[+对比性]的语境不再是必要条件，“的”进一步语法化为表假设的语气助词。

二、重新分析和类推作用

重新分析与线性的横向组合有关，表层结构没有发生变化而句法结构内在关系发生改变；类推作用与词语搭配的变化和纵向聚合关系有关，使得通过重新分析而产生的新语法格式的应用范围得以扩展。某些语法单位本来只能和具有[+N]的语义特征的成分组合，在频繁的使用过程中意义泛化，与之组合的成分类推到没有[+N]的语义特征的成分上。重新分析和类推作用在语法化的过程中是相辅相成的。例如现代汉语“开他的玩笑”之类的“N+的”插入动宾复合词或动宾短语表示动作的对象的语法意义的功能就是通过重新分析和类推作用实现的。这种用法在南宋文献中就出现了，如：前生姻眷，结得我婆底缘。（《张协状元》第19出）现代汉语的“开他的玩笑”中“他的玩笑”不能单说，是伪定语。这里“我婆底缘”中的“我婆底”从表层结构上看是做“缘”的领属性定语。这种说法之所以出现与“缘”经常用于“有缘”“无缘”等组合有关，这些宋代常见的说法使“缘”能够与名词性成分构成形式上的领属关系，而“结缘”又是一个动宾结构。这种结构正处于发生重新分析的有歧义的阶段，重新分析的结果是导致成分之间边界的创立。这种用法后来类推到“中心语”不能做“有”的宾语的类型，这种功能才最终形成。

引用文献

唐五代时期

《王梵志诗校注》 项楚校注,上海古籍出版社,1991。

《寒山诗注》(附拾得诗注) 项楚校注,中华书局,2000。

《隋唐嘉话 朝野佥载》 (唐)刘餗、[唐]张鷟撰,中华书局,1979。

《敦煌变文校注》 黄征、张涌泉校注,中华书局,1997。

《祖堂集》 (南唐)静、筠二禅师编撰,上海古籍出版社,1994。

《近代汉语语法资料汇编》(唐五代卷) 刘坚、蒋绍愚主编,商务印书馆,1990。

宋金时期

《景德传灯录》 (宋)道原著,中华书局,1984。

《五灯会元》 (宋)普济著,苏渊雷点校,中华书局,1984。

《碧岩录》 (宋)圜悟克勤评唱,《大正藏》2003 号,48 卷。

《河南程氏遗书》 (宋)程颢、程颐著,《二程集》第一册,王孝鱼点校,中华书局,1981。

《象山语录》 (宋)陆九渊著,上海古籍出版社,2000。

《朱子语类》 (宋)黎靖德编,王星贤点校,中华书局,1994。

《近代汉语语法资料汇编》(宋代卷) 刘坚、蒋绍愚主编,商务印书馆,1990。

《刘知远诸宫调校注》 廖珣英校注,中华书局,1993。

《古本董解元西厢记》 (金)董解元撰,上海古籍出版社,1984。

元代

《新校元刊杂剧三十种》 徐沁君校点,中华书局,1980。

《元代白话碑集录》 蔡美彪,科学出版社,1955。

《元典章》 沈刻本,陈垣校补,中国书店,1990。

《新编五代史平话》 中国古典文学出版社,1954。

《永乐大典戏文三种校注》 钱南扬校注,中华书局,1979。

《西厢记》 (元)王实甫著,王季思校注,上海古籍出版社,1978。

《元本琵琶记校注》 (元)高明著,钱南扬校注,上海古籍出版社,1980。

《近代汉语语法资料汇编》(元明卷) 刘坚、蒋绍愚主编,商务印书馆,1990。

《原本老乞大》 [韩]郑光主编,外语教学与研究出版社,2002。

明代

《训世评话》《中国语学研究　开篇》Vol. 8、9,好文出版,1991、1992。

《老乞大谚解》《朴通事谚解》 奎章阁丛书。

《金瓶梅词话》 (明)兰陵笑笑生著,戴鸿森校点,人民文学出版社,1985。

《拍案惊奇》 (明)凌濛初著,上海古籍出版社,1985。

《西游记》 (明)吴承恩著,人民文学出版社,1955。

清代

《老乞大新释》《重刊老乞大谚解》 奎章阁丛书。

《儿女英雄传》 (清)文康著,董恂评,尔弓校释,齐鲁书社,1989。

《语言自迩集——19 世纪中期的北京话》 [英]威妥玛著,张卫东译,北京大学出版社,2002。

《小额》 松龄(松友梅)著,[日]太田辰夫、竹内诚编,汲古书院,

《燕京妇语——翻字と解说》 [日]鳟泽彰夫著,《中国语学研究　开篇》,No. 4。

参考文献

论著部分

曹广顺　1995　《近代汉语助词》，语文出版社。

程湘清主编　1992　《两汉汉语研究》，山东教育出版社。

——1992　《隋唐五代汉语研究》，山东教育出版社。

冯春田　1991　《近代汉语语法研究》，山东教育出版社。

——2000　《近代汉语语法研究》，山东教育出版社。

冯淑仪　1991　《〈敦煌变文集〉和〈祖堂集〉的词缀研究》，北京大学硕士论文。

管燮初　1994　《左传句法研究》，安徽教育出版社。

何九盈　1995　《中国古代语言学史》，广东教育出版社。

蒋礼鸿　1997　《敦煌变文字义通释》（增补定本），上海古籍出版社。

蒋绍愚　1994　《近代汉语研究概况》，北京大学出版社。

李泰洙　2000　《〈老乞大〉四种版本语言研究》，中国社会科学院语言所博士论文。

李佐丰　2004　《古代汉语语法学》，商务印书馆。

刘坚等　1992　《近代汉语虚词研究》，语文出版社。

刘　津　2000　《"VP的3"结构独立指代现象的考察》，北京大学硕士学位论文。

吕叔湘主编　1999　《现代汉语八百词》（增订本），商务印书馆。

石毓智、李　讷　2001　《汉语语法化的历程——形态句法发展的动因和机制》，北京大学出版社。

［日］太田辰夫　1958　《中国语历史文法》（中译本），蒋绍愚、徐昌华译，

北京大学出版社,1987。
王　力　1958　《汉语史稿》中册,科学出版社。
——1989　《汉语语法史》,商务印书馆。
吴福祥　1996　《敦煌变文语法研究》,岳麓书社。
［日］香坂顺一　1992　《水浒词汇研究(虚词部分)》,文津出版社。
——1997　《白话语汇研究》,江蓝生、白维国译,中华书局。
杨伯峻、何乐士　2001　《古汉语语法及其发展》,语文出版社。
俞光中/［日］植田均　1999　《近代汉语语法研究》,学林出版社。
袁　宾等　2001　《二十世纪的近代汉语研究》,书海出版社。
张　敏　1998　《认知语言学与汉语名词短语》,中国社会科学出版社。
张谊生　2000　《现代汉语虚词》,华东师范大学出版社。
赵元任　1968　《汉语口语语法》,吕叔湘译,商务印书馆。
朱德熙　1982　《语法讲义》,商务印书馆。

论文部分

曹广顺　1986　《〈祖堂集〉中的“底”(地)、“却”(了)、“着”》,《中国语文》第3期。
——1994　《〈金瓶梅词话〉中的“是的”》,《语文研究》第4期。
储泽祥　2002　《“底”由方位词向结构助词的转化》,《语言教学与研究》第1期。
都兴宙　1995　《〈宣和遗事〉中的“底”和“的”》,《青海师大学报》第4期。
范继淹　1958　《形名组合间“的”字的语法作用》,《中国语文》第5期。
——1979　《“的”字短语代替名词的语义规则》,《中国语文通讯》第3期。
冯春田　1990　《试论结构助词“底(的)”的一些问题》,《中国语文》第6期。
——1992　《唐五代某些语法现象浅析》,程湘清主编《隋唐五代汉语研究》,山东教育出版社。
［日］古川裕　1989　《“的$_s$”字结构及其所能修饰的名词》,《语言教学与研究》第1期。
郭　锐　2000　《表述功能的转化和“的”字的作用》,《当代语言学》第1期。

何乐士　1992　《元杂剧语法特点研究》，程湘清主编《宋元明汉语研究》，山东教育出版社。

胡裕树/范晓　1994　《动词、形容词的“名物化”和“名词化”》，《中国语文》第2期。

黄国营　1981　《伪定语和准定语》，《语言教学与研究》第4期。

——1982　《“的”字的句法、语义功能》，《语言研究》第1期。

江蓝生　1992　《助词“似的”的语法意义及其来源》，《中国语文》第6期。

——1994　《“动词＋X＋地点词”句型中介词“的”探源》，《古汉语研究》第4期。

——1995　《〈燕京妇语〉所反映的清末北京话特色（下）》，《语文研究》第1期。

——1999　《处所词的领格用法与结构助词“底”的由来》，《中国语文》第2期。

——2003　《语言接触与元明时期的特殊判断句》，《语言学论丛》28辑。

——2004　《跨层非短语结构“的话”的词汇化》，《中国语文》第5期。

孔令达　1992　《“名$_1$的名$_2$”结构中心名词省略的语义规则》，《安徽师大学报》第1期。

李崇兴　1999　《〈元典章·刑部〉中的结构助词》，《语言研究》第2期。

李立成　1999　《自指的“的”字短语》，《语言教学与研究》第3期。

李讷/安珊笛/张伯江　1998　《从话语角度论证语气词“的”》，《中国语文》第2期。

［韩］梁顺德　1999　《结构助词“的”的使用规律》，《天津大学学报》第1期。

刘宁生　1995　《汉语偏正结构的认知基础及其在语序类型学上的意义》，《中国语文》第2期。

刘月华　1984　《定语的分类和多项定语的顺序》，《语言学与语言教学》，安徽教育出版社。

刘志生　2001　《近代汉语中的“X的X”格式》，《古汉语研究》第2期。

陆丙甫　1988　《定语的外延性、内涵性和称谓性及其顺序》，《语法研究和探索》第4辑。

陆俭明　1963　《“的”的分合问题及其他》，载《陆俭明自选集》，河南教育出版社，1993。

——1983 《“的”字结构和“所”字结构》,《语法研究和探索》(一),北京大学出版社。

——2002 《再谈“吃了他三个苹果”一类结构的性质》,《中国语文》第四期。

吕叔湘 1943 《论底、地之辨及底字的由来》,收入《汉语语法论文集》(增订本),商务印书馆,1984。

——1989 《“他的老师当的好”和“他的老师教的好”》,《吕叔湘自选集》,上海教育出版社。

马庆株 1995a 《指称义动词和陈述义名词》,《语法研究和探索》(七),商务印书馆。

——1995b 《多重定名结构中形容词的类别和次序》,《中国语文》第5期。

梅祖麟 1988 《词尾“底”、“的”的来源》,《史语所集刊》,收入《梅祖麟语言学论文集》,商务印书馆,2000。

沈家煊/王冬梅 2000 《“N的V”和“参照体—目标”构式》,《世界汉语教学》第4期。

沈 阳 1995 《领属范畴及领属性名词短语的句法作用》,《北京大学学报》,第5期。

——1996 《关于“大+时间词(的)”》,《中国语文》第4期。

施关淦 1988 《现代汉语里的向心结构和离心结构》,《中国语文》第4期。

石 锓 1992 《元代结构助词“的”》,《兵团教育与研究》第2期。

石毓智 2000 《论“的”的语法功能的同一性》,《世界汉语教学》第1期。

——2002 《量词、指示代词和结构助词的关系》,《方言》第2期。

石毓智/李 讷 1998 《汉语发展史上结构助词的兴替——论“的”的语法化历程》,《中国社会科学》第6期。

史有为 1984 《表已然义的“的b”补议》,《语言研究》第1期。

史有为/马学良 1982 《说“哪儿上的”及其“的”》,《语言研究》第1期。

肃 父 1956 《名词性词组中“的”字的作用》,《中国语文》第3期。

宋绍年 1998 《古代汉语谓词性成分的指称化与名词化》,《古汉语语法论集》,语文出版社。

田　泉　1996　《“是”、“的”合用及单用非句法功能初探》,《汉语学习》第5期。

王冬梅　2002　《“N的V”结构中V的性质》,《语言教学与研究》第4期。

王洪君　1987　《汉语表自指的名词化标记“之”的消失》,《语言学论丛》第14辑,商务印书馆。

王　森　1993　《〈老乞大〉〈朴通事〉里的“的”》,《古汉语研究》第1期。

温永禄　1957　《关于动词作定语带“的”的问题》,《中国语文》8月号。

[韩]文贞惠　1998　《表属性范畴的“N_1(的)N_2”结构的语义分析》,《世界汉语教学》第1期。

——1999　《“N_1(的)N_2”偏正结构中N_1与N_2之间的语义关系的鉴定》,《语文研究》第3期。

肖申生　1977　《名词的定语和助词“的”、“之”》,《中国语文》第3期。

徐　丹　1995　《从北京话“V着”与西北方言“V的”的平行现象看“的”的来源》,《方言》第4期。

徐建华　1999　《领属性与非领属性Rd结构的语义类型》,《汉语学习》第3期。

杨淑敏　2000　《关于北京话中“V+的+处所词语”句性的来源问题》,《兰州大学学报》第6期。

姚振武　1994　《关于自指和转指》,《古汉语研究》第3期。

——1995　《现代汉语的“N的V”与上古汉语的“N之V”》,《语文研究》第2、3期。

——1996　《汉语谓词性成分名词化的原因及规律》,《中国语文》第1期。

余霭芹　1995　《广东开平方言的“的”字结构——从“者”“之”分工谈到语法类型分布》,《中国语文》第4期。

余健萍　1957　《动词作定语用“的”的问题》,《语文学习》第3期。

俞理明　2001　《〈太平经〉中的“者”和现代汉语“的”的来源》,《汉语史研究集刊》第四辑,巴蜀书社。

袁毓林　1994　《句法空位和成分提取》,《汉语学习》第3期。

——1997　《“者”的语法功能及其历史演变》,《庆祝中国社科院语言所建所45周年学术论文集》,商务印书馆。

——1999　《定语顺序的认知解释及其理论蕴涵》,《中国社会科学》第2期。

——1995 《谓词隐含及其句法后果——“的”字结构的称代规则和“的”的语法、语义功能》,《中国语文》第4期。

——2003 《从焦点理论看句尾“的”的句法语义功能》,《中国语文》第1期。

张伯江 1993 《“N的V”结构的构成》,《中国语文》第4期。

——1994 《领属结构的语义构成》,《语言教学与研究》第2期。

——1997 《汉语名词怎样表现无指成分》,《庆祝中国社科院语言所建所45周年学术论文集》,商务印书馆。

张美兰 2002 《从汉语比拟句式的发展看名词性偏正结构的构成》,《汉语学习》第1期。

张延俊 2002 《也论汉语“数·量·名”形式的产生》,《古汉语研究》第2期。

赵金铭 1979 《“的”、“地”源流考》,《语言教学与研究》第4期。

赵元任 1926 《北京、苏州、常州语助词的研究》,《方言》1992年第2期。

——1935 《北京助词》,《方言》1992年第2期。

——1939 《钟祥方言的助词》,《方言》1992年第2期。

周国光 1997 《儿童语言中“VP的”结构表转指状况的考察》,《世界汉语教学》第2期。

朱德熙 1961 《说“的”》,《中国语文》12月号。

——1966 《关于〈说“的”〉》,《中国语文》第1期。

——1977 《“的”字结构和判断句》,《中国语文》第1、2期。

——1980 《北京话、广州话、文水话和福州话里的“的”字》,《方言》第3期。

——1983 《自指和转指:汉语名词化标记“的、者、之、所”的语法功能和语义功能》,《方言》第4期。

——1993 《从方言和历史看状态形容词的名词化》,《方言》第2期。

祝敏彻 1982 《〈朱子语类〉中的“地”、“底”的语法作用》,《中国语文》第3期。

祖生利 2001 《元代白话碑文中方位词的格标记作用》,《语言研究》第4期。

——2002 《元代白话碑文中助词的特殊用法》,《中国语文》第5期。